Gottfried Fischer

Neue Wege aus dem Trauma

Erste Hilfe bei schweren
seelischen Belastungen

W0194360

Walter Verlag

Hinweis: Selbsthilfemaßnahmen nach diesem Buch müssen eventuell durch psychotraumatologische Fachberatung bzw. Fachpsychotherapie ergänzt werden. Für die fachpsychotherapeutische Ergänzung ist die Mehrdimensionale Psychodynamische Traumatherapie (MPTT) besonders geeignet, da die MPTT von den gleichen psychologisch-medizinischen Prinzipien ausgeht wie dieses Buch. Die Methodik für ergänzende Fachberatung ist in der MPPT-Version Psychotraumatologische Fachberatung und Direkthilfe ausgeführt (Schriftenreihe des Deutschen Instituts für Psychotraumatologie, DIPT). Für den fachgerechten Einsatz beider Verfahren ist ein spezielles Training erforderlich. Trainingsangebote für MPTT und die MPTT-Version Fachberatung und Direkthilfe sind geschützt für das DIPT.

Bibliografische Information der Deutschen Bibliothek

Die Deutsche Bibliothek verzeichnet diese Publikation in der Deutschen Nationalbibliografie; detaillierte bibliografische Daten sind im Internet über http://dnb.ddb.de abrufbar.

© 2003 Patmos Verlag GmbH & Co. KG
Walter Verlag, Düsseldorf und Zürich
Alle Rechte vorbehalten.
Umschlaggestaltung: Groothuis, Lohfert, Consorten (Hamburg)
Druck und Bindung: Druckerei Theiss GmbH, A-9431 St. Stefan
Satz: Fotosatz Moers, Mönchengladbach
ISBN 3-530-40145-5
www.patmos.de

Inhalt

Vorbemerkung

Dieses Buch wendet sich unmittelbar an Traumabetroffene und ihre Angehörigen, Freunde und Bekannten, ihre Arbeitskollegen und Vorgesetzten. Darüber hinaus vermittelt es interessierten Lesern erste Kenntnisse über psychische Traumatisierung und Hinweise für die Unterstützung der Betroffenen. Die Betroffenen werden direkt angesprochen. Falls Sie dazugehören, erhalten Sie Tipps für ein günstiges Verhalten nach einem belastenden Ereignis, und wir schlagen Ihnen Übungen vor.

- Die *Tipps,* eingeleitet mit *Unser Tipp ...,* richten sich an alle Betroffenen.
- Bei den *Übungsvorschlägen,* eingeleitet mit *Übung ...,* muss jeder Betroffene prüfen, ob ihm persönlich die Übung liegt oder nicht. Die Menschen verwenden sehr unterschiedliche Mittel der Traumaverarbeitung. Eine Übung ist im Allgemeinen nur dann hilfreich, wenn sie an unsere persönliche Art der Traumaverarbeitung anschließt. Dann wird die betreffende Übung als hilfreich erlebt und bereichert die eigenen Möglichkeiten.

Und hier gleich die ersten **Tipps:**

- **Medizinische Maßnahmen haben Vorrang!** Tragen Sie dazu bei, dass eine gründliche medizinische Diagnose gestellt wird. Benachrichtigen Sie Ihren Hausarzt beziehungsweise den Arzt, den Sie am längsten kennen. Falls Sie jetzt in anderer Behandlung sind, bitten Sie den behandelnden Arzt, Ihren Hausarzt zu informieren, sich mit ihm zu besprechen und ihn gegebenenfalls in die Behandlung einzubeziehen. Ihr »Stammarzt« kennt Ihre körperliche Verfassung am gründlichsten. Ihm fallen auch solche Veränderungen auf, die bei einer Erstuntersuchung viel-

7

leicht übersehen werden können. Wenn Sie das Gefühl haben, dass medizinisch gut für Sie gesorgt wird, ist dies ein erster und wichtiger Schritt, um Ihr altes Gefühl der Sicherheit allmählich wiederzugewinnen.

- **Verschaffen Sie sich zuerst einen Überblick über die Tipps in diesem Buch.** *Auf die Tipps wird durch eine Markierung hingewiesen.* Wenn Einkäufe notwendig sind und Sie sich noch nicht in der Lage fühlen, die benötigten Gegenstände zu beschaffen, wie zum Beispiel ein Tagebuch, bitten Sie jemanden, diese für Sie zu besorgen.

- **Zuerst zur Ruhe kommen und sich wieder sicher fühlen!** Wenn Sie noch unter Schock stehen oder sich in der Einwirkungsphase des Traumas (siehe weiter unten) befinden, ist es für Sie das Wichtigste, zuerst einmal wieder »zu sich« zu kommen, sich zu beruhigen und Ruhe zu finden. Versuchen Sie einfach alles, was Ihnen je dabei geholfen hat, nach einer schweren Aufregung wieder zur Ruhe zu kommen. Schauen Sie in unseren Übungsteil, vielleicht ist eine Übung dabei, mit der Sie spontan etwas anfangen können. Am besten eine, die gut zu Ihrer bisherigen Art, sich zu beruhigen, passt. Wenn Sie spüren, dass die automatische Erregung nachlässt und wenn Sie sich wieder sicher fühlen, werden Sie das vorliegende Buch jetzt gelassener, aber auch konzentrierter lesen können.

- **Lesen Sie in Ruhe!** Wenn Sie ein Trauma erlebt haben, sind Sie in der ersten Zeit noch wie benommen und können sich schlecht konzentrieren. Lesen Sie *Neue Wege aus dem Trauma* zusammen mit jemandem, zu dem Sie Vertrauen haben und das Gefühl, dass er unbedingtes Verständnis für Ihre Lage und persönliche Verfassung hat. Das kann helfen, die Dinge besser zu verstehen und Fragen zu klären. Wenn niemand ansprechbar ist oder wenn Sie das Gefühl haben, besser allein mit den Problemen fertig zu werden, lesen Sie den Text für sich allein.

Überfordern Sie sich nicht beim Lesen. Bei der Lektüre können spontane Erinnerungsbilder an Ihr belastendes Erlebnis auftreten. Legen Sie dann das Buch zur Seite und versuchen Sie zuerst, sich zu beruhigen, bis das Gefühl wieder da ist, jetzt in

Sicherheit zu sein und den ersten Schock überstanden zu haben. Führen Sie sich eindringlich vor Augen, dass der Vorfall in der Vergangenheit liegt und dass die Gefahr vorüber ist. Lesen Sie erst weiter, wenn Sie mit einiger Distanz und mit Neugier an die Lektüre denken. Dann lesen Sie bitte genau und sorgfältig, besonders die Tipps, praktischen Ratschläge und Übungen. Beachten Sie die Hinweise und Kommentare. Am wichtigsten aber: Achten Sie auf Ihre eigenen Gefühle und Empfindungen. Dann können Sie das natürliche Wissen Ihres Körpers verwenden um herauszufinden, was zu Ihnen passt. Suchen Sie sich die Übungen heraus, die Ihnen zusagen. Es kommt nicht auf die Menge der Übungen an, sondern auf ihre Wirkung. Und sie wirken unterschiedlich auf verschiedene Menschen. *Neue Wege aus dem Trauma* will Hilfe zur Selbsthilfe geben. Und Informationen, wie wir unser natürliches Selbstheilungspotential befreien und Hindernisse, die ihm entgegenstehen, überwinden können.

- **Dieses Buch ersetzt keine psychotherapeutische Behandlung.** Die Tipps und Übungen, die Sie in diesem Buch finden, dienen vor allem dazu, sich besser beruhigen zu können, sich einen geregelten Tagesablauf einzurichten (Tagesritual) und sich im alltäglichen Leben wieder zurechtzufinden. Wenn Traumata lange zurückliegen, wenn Teile der traumatischen Situation nicht mehr erinnerbar sind (Filmriss) oder wenn allgemein der Erholungsprozess wesentlich verzögert verläuft, empfehlen wir dringend, fachliche Beratung aufzusuchen und gegebenenfalls eine Psychotherapie. Übrigens: Eine psychotherapeutische Behandlung muss nicht Jahre Ihres Lebens in Anspruch nehmen. Unsere Arbeitsgruppe an der Kölner Universität konnte nachweisen, dass schon mit 10 Stunden der von uns entwickelten *Mehrdimensionalen Psychodynamischen Traumatherapie (MPTT)* ein dauerhafter Heilerfolg zu erzielen ist, und zwar bei jenen Traumabetroffenen, die zur so genannten Risikogruppe für negative Langzeitfolgen gehören.

- **Tipps für die Selbsthilfe.** Für ihren persönlichen Umgang mit dem Trauma können Traumabetroffene von diesem Buch erfahrungsgemäß profitieren. Nicht alle Opfer von Verkehrsunfällen, von Gewaltverbrechen oder von Katastrophen brauchen eine psychotherapeutische Behandlung. Wichtig ist aber, sich eine Erholungspause zu gönnen und zugleich den Alltag nach klaren Regeln zu gestalten. Viele Betroffene werden von panischer Angst und grauenhaften Erinnerungen überflutet. Wenn uns das geschieht, drehen wir uns innerlich im Kreis. Wir wissen nicht, wo uns der Kopf steht, und haben es schwer, einen klaren Gedanken zu fassen. Und in dieser Situation sollen wir oft noch Entscheidungen treffen oder Verwaltungsaufgaben wahrnehmen, die uns auch unter günstigen Umständen schwer fallen würden.

Dieses Buch gibt Ihnen Hilfen an die Hand, um aus dem Teufelskreis herauszukommen und sich im Leben wieder besser zurechtzufinden. Wenn Sie die Zeit dazu haben, lesen Sie jetzt die einzelnen Abschnitte der Reihe nach durch. Prüfen Sie, welche Anregungen Sie für sich gebrauchen können.

- Eine Bemerkung zum **Ausdruck Trauma**. Dieser kommt aus dem Griechischen und bedeutet Verletzung oder Wunde. Psychotrauma ist also eine seelische Verletzung oder Wunde. Schwierig ist die Mehrzahl des Wortes. Manche sagen Traumas. Im Griechischen wird die Mehrzahl durch Erweitern der Wortendung gebildet: Traumata. Wir werden im Allgemeinen die umständlichere, aber korrekte Formulierung verwenden.
- Wo finden Sie in diesem Buch **Informationen zu Fragen, die Sie speziell interessieren?**
  Einen ersten Überblick gibt natürlich das Inhaltsverzeichnis. Am Ende finden Sie zudem ein ausführliches Sachregister, das stichwortartig die wesentlichen Themen und Begriffe aufführt, die für Sie möglicherweise interessant sind, ferner Antworten auf die Fragen, die häufig gestellt werden (häufige Fragen in Kurzform). Nutzen Sie also dieses Hilfsmittel auch für eine eventuelle »Querlektüre« von *Neue Wege aus dem Trauma*.

1 Was ist ein Trauma?

Wenn das Unfassliche geschieht. Ein schwerer Verkehrsunfall, Einbruch in die Wohnung, plötzlicher Tod einer geliebten Person, eine gefährliche, lebensbedrohliche Situation, der wir nur knapp entkommen sind – all dies sind, statistisch gesehen, keine allzu seltenen Ereignisse. Fast jeder wird mindestens einmal im Leben davon betroffen. Aber niemand mag so recht daran glauben, dass es ihn treffen wird. Noch einmal Glück gehabt! Oder, wenn wir von anderen hören, denen ein Unglück widerfuhr: »Der ist ja immer schon so unvorsichtig gefahren, da war der Unfall schließlich vorhersehbar.« »Die hat auch sonst nicht gut auf sich aufgepasst, kein Wunder, dass es zu dem Überfall gekommen ist.«

Mit solchen Kommentaren versuchen wir das Unheil von uns fern zu halten. So lange, bis es uns persönlich trifft. Obwohl wir wussten, dass »so etwas vorkommt«, hat sich nach dem Ereignis unsere Welt von einem Tag auf den anderen radikal verändert. Oft fehlen uns die Begriffe, um wirklich erfassen zu können, was geschehen ist. Trauma ist das »Unfassliche«, für uns persönlich Unbegreifliche, das, was uns an dem Geschehenen »einfach nicht in den Kopf hineinwill«. Außenstehende kommentieren: Das war ein Unfall, manchmal wird noch »tragisch« hinzugefügt, ein tragischer Unfall. Oder ein Verbrechen – auch das kommt vor. Für die Betroffenen aber hat sich die Welt verändert. Nichts ist mehr, wie es vorher war. Viele glauben, niemand auf der Welt könne sie verstehen, es sei denn, er habe das gleiche Schicksal erlitten. So breit, ja unüberbrückbar erscheint die Kluft zwischen dem Leben vor und nach dem Trauma.

Glücklicherweise besitzen wir Menschen die Fähigkeit, unsere Welt nach einem solchen Zusammenbruch auch wiederaufbauen zu können: *Neue Wege aus dem Trauma – trauma and recreating life* – hatten wir deshalb dieses Buch ursprünglich genannt, was so viel bedeutet wie unser Leben »wiedererschaffen« (engl. recreate) zu können, einen neuen, vielleicht veränderten, vielleicht sogar besseren »Lebensplan« und eine neue Sicht von der Welt zu entwickeln. Kräfte können dabei mobilisiert werden, die lange verschüttet waren. Der Mensch ist der Schöpfer seiner Welt oder kann zumindest dazu werden. Durch Wiedererschaffung der Welt wird allmählich die innere und meist auch äußere Isolation überwunden, in die das Trauma uns versetzt. Genau wie bei körperlichen Verletzungen verfügt auch die Seele über besondere Kräfte zur Heilung von Wunden und Milderung von Schmerzen, die dazu führen, dass auch seelische Wunden sich allmählich schließen und verheilen.

Das Trauma heilen zu lassen und das eigene Leben neu zu gestalten, dazu will dieses Buch einen Beitrag leisten. Es soll und kann die fachliche Hilfe von Spezialisten nicht ersetzen. Vielleicht aber kann es manche Betroffene darin unterstützen, ihre seelischen Wunden deutlicher wahrzunehmen, sie einzugrenzen, zu »desinfizieren«, sie mit Mitteln aus der psychologischen »Hausapotheke« selbst zu behandeln oder zumindest ihren Zustand nicht zu verschlimmern. Möglicherweise kann aber aus der kreativen Konfrontation mit dem eigenen Schmerz auch die Kraft zu neuen Wegen entstehen, zu einem neuen, vielleicht wesentlich veränderten Leben mit und nach dem Trauma.

Definition des Traumas

In einer sehr nüchtern klingenden Formulierung können wir Trauma als eine *unterbrochene Handlung* bezeichnen. Eine Handlung, die in einer existentiell bedrohlichen Situation unterbrochen wird, in der wir unbedingt wirksam handeln müssten, hierzu aus äußeren oder inneren Gründen jedoch nicht in der Lage sind. Die unterbrochene Handlung ist ein Kampf- oder Fluchtversuch, der in einer äußerst bedrohlichen Lage unternommen wird, aber erfolglos bleibt.

Auf einer engen Straße rast ein Wagen entgegen. Wir wollen

ausweichen, aber der Zusammenstoß scheint unvermeidlich. Bevor es zum Zusammenprall kommt, bietet unser Organismus alle verfügbaren »Schutzreflexe« auf. Die Muskulatur ist aufs Äußerste gespannt. Alle Alarmregister sind gezogen. Oft aber können wir die Situation noch erstaunlich klar überblicken und auch noch den relativ besten Ausweg ansteuern. Manche Menschen »beamen« sich innerlich aus der Gefahrensituation hinaus. Statt im Unfallwagen festzusitzen, sehen sie dem Ereignisablauf von außen zu. Sie haben das Gefühl, über dem Geschehen zu schweben. Viele haben ein Erlebnis der Entwirklichung: »Dies ist nur ein Film oder ein böser Traum; gleich ist er vorbei und wir werden erleichtert erwachen; das alles kann doch nicht wahr sein.« Oder das bedrohliche Geschehen erscheint wie aus weiter Ferne, als würden wir in einen Tunnel hineinschauen. Anstatt auf uns zu, bewegt sich das entgegenkommende Fahrzeug fort und erscheint in zunehmend weiter Entfernung.

In Wirklichkeit sind wir macht- und hilflos. Alle Anstrengungen sind vergebens. Wir können weder fliehen noch kämpfen, sind vielmehr in der bedrohlichen Situation gefangen. Insofern ist unsere äußere Handlung, in der wir verzweifelt versuchen, das Unvermeidliche zu vermeiden, unterbrochen. Sie führt nicht mehr zum Ziel. Innerlich aber tun wir noch vieles, wenn wir äußerlich nichts mehr tun können. Wir mobilisieren ungeheure Kraftreserven. Eine Kaskade von Nervenhormonen bewirkt, dass wir kurzfristig sogar gegen Schmerzen unempfindlich sind. Unsere Wahrnehmung verändert sich, etwa indem wir uns unwirklich fühlen. Die Zeitempfindung dehnt sich aus. Aus Sekundenbruchteilen können im inneren Erleben Minuten oder Stunden werden. Während sie unvermeidlich in ihr Verderben rasen, sehen manche Personen wie in einem Film die wichtigsten Stationen ihres Lebens vor ihrem inneren Augen vorüberziehen.

Wer ein solches Erlebnis durchlitten hat, findet oft nur schwer zur alten Wirklichkeit zurück. Viele Betroffene wurden mit der veränderten Wahrnehmungsweise zum ersten Mal in ihrem Leben konfrontiert. Sie fürchten, nicht ganz normal zu sein, und scheuen sich, mit anderen, auch vertrauten Personen über ihre Erfahrung zu sprechen, aus Angst, diese könnten sie für verrückt erklären. Die Überlebenden der Katastrophe fühlen sich, als hätten sie in eine andere Welt geschaut. Eine Kluft tut sich auf. Hier die gewohnte Alltagswelt und der Mensch, der wir bisher waren. Dort die Erfahrung, dass alles, was wir für sicher und garantiert angesehen hatten, mit einem Schlag verwandelt sein kann. Dass es keinerlei Garantie und Sicherheit mehr gibt und wir hilflos zusehen müssen, wie das Unvermeidliche, das Undenkbare auf uns zukommt. Wie in einem Albtraum, in dem wir zu fliehen versuchen, aber gefesselt sind. Diese Erfahrung des Unfasslichen, das »namenlose Grauen«, steht im Inneren der »unterbrochenen Handlung«, im Zentrum des Traumas.

Wieder handlungsfähig zu werden, die Kontrolle über unser Erleben und Verhalten zurückzugewinnen, das Unfassbare zu fassen, das Namenlose zu benennen und zu begreifen, es schließlich in unser Leben zu integrieren und unser Leben dadurch zu verändern – hierin kündigt sich die Überwindung des Traumas an. Wir folgen dabei unserer natürlichen Tendenz zur Selbstheilung, die ebenso selbstverständlich wirkt, wie es bei einer körperlichen Wunde zu Blutgerinnung und Vernarbung kommt und die Haut sich endlich wieder schließt. Nach körperlichen, aber auch nach seelischen Verletzungen befinden wir uns in einer labilen, leicht störbaren Verfassung. Wundheilung braucht ihre Zeit, körperlich wie seelisch. Durch Drängen wird sie nicht beschleunigt, manchmal vielmehr behindert, wie durch manchen gut gemeinten Ratschlag (»vergiss es«, »über alles wächst Gras«, »schließ endlich damit ab« usw.). Ungewollt können wir selbst die Wunde wieder öffnen, oder andere können es tun. Wir können die Wunde – bildlich gesprochen – infizieren, indem wir uns weiterem Stress aussetzen. Auch können wir gut gemeinte, letztlich aber schädigende Maßnahmen ergreifen, die Wunde zum Beispiel so »fest abbinden« (unseren verletzten »Seelenanteil« so weit von uns abspalten), dass die Blutzufuhr unterbrochen wird und sich – im Extremfall – sogar nekrotisches, abgestorbenes Gewebe bilden kann, im Körperlichen wie im Seelischen. Wir können, vielleicht aus Ungeduld, den verletzten Teil unserer Seele zu früh wieder belasten wollen. Vieles kann schief laufen. Aber mit einiger Kenntnis psychischer Wundversorgung und behutsamer Eigenbegleitung können wir uns auf unseren natürlichen Prozess der seelischen Heilung oder »Selbst-Heilung« durchaus verlassen. Gelingt es, ihn gezielt zu unterstützen, so ist oft mit geringem Aufwand ein voller Heilerfolg zu erreichen. Die Gefühle von Sicherheit und Ruhe bilden sozusagen den Verband und das Pflaster, die die seelischen Wunden schützen. Selbstbesinnung ist die Heilkraft, welche die Wunde allmählich wieder schließen kann. Zu viel Aktivität, »gut gemeinte« Ratschläge und hektische Behandlungsvorschläge hingegen können unsere psychische »Immunkompetenz«, unsere natürliche Fähigkeit zur Schadensbegrenzung und Selbstheilung, behindern.

Psychotraumatologie

Dieses Buch soll vor allem praktische Hilfen vermitteln. Dennoch wollen wir kurz einen modernen wissenschaftlichen Ansatz vorstellen, dem wir unser in letzter Zeit stark gewachsenes Wissen über seelische Verletzungen und ihre Heilung verdanken.

Im Sommer 1990 saß der Verfasser an einem schönen Urlaubsnachmittag an einer kleinen Bar in Diano Marina, einem Badeort an der ligurischen Riviera, und wurde ungewollt Zeuge, wie sich zwei italienische Tischnachbarn über eine gemeinsame Bekannte unterhielten. Diese hatte einen Verkehrsunfall erlitten, lebte seither sehr zurückgezogen und war in ihrer Stimmungslage anscheinend depressiv verändert. Vorher war sie eine fröhliche, unternehmungslustige Persönlichkeit. Die beiden Gesprächspartner, beide wohl keine medizinischen oder psychologischen Fachleute, brachten nun die Persönlichkeitsveränderung mit dem Unfall in Verbindung. Einer von ihnen bemerkte: »Sembra psicotraumatisata«, sie scheint »psychotraumatisiert« zu sein. Dies sagte er in einem sehr verständnisvollen Tonfall, der sein Mitgefühl zum Ausdruck brachte, nicht aber einen diskriminierenden Zweifel an ihrer psychischen »Zurechnungsfähigkeit«. Ich selbst arbeitete zu dieser Zeit an verschiedenen Themen, die wir heute als »Traumathemen«

bezeichnen würden, und war dabei, mit meiner Frau und anderen Kollegen ein wissenschaftliches Institut zu gründen, das sich mit diesen Forschungsthemen, mit Hilfen für die Betroffenen und einer Verbesserung der psychotherapeutischen Hilfsangebote befassen sollte. Wir hatten jedoch noch keinen Namen für das Institut gefunden, der die Zielsetzung unserer Arbeit knapp und treffend wiedergeben würde. In das Gespräch an der Bar mischte ich mich dann ein und erfuhr, dass »psychotraumatisiert« ein geläufiger, umgangssprachlicher Begriff in Italien ist. Er bringt in mitfühlender und verständnisvoller Weise zum Ausdruck, dass Menschen an einer seelischen Verletzung leiden können, die ebenso respektiert und pfleglich behandelt werden muss wie körperliche Verletzungen auch.

Wir gründeten im März 1991 das »Deutsche Institut für Psychotraumatologie« (DIPT), das sich als eine der ersten Einrichtungen in Europa seither konsequent mit der Erforschung, den Möglichkeiten der Therapie, aber auch der Vorbeugung von psychischer Traumatisierung befasst. Der Ausdruck *Traumatologie* ist von der Chirurgie her bekannt. In der traumatologischen Abteilung einer chirurgischen Klinik werden akute körperliche Verletzungen behandelt. Ähnlich befasst sich die *Psycho*-Traumatologie mit *seelischen* Verletzungen (von psyche = die Seele, der Atem), mit den Heilungs- und Behandlungsmöglichkeiten oder mit der Frage, wie sich seelisch verletzende Ereignisse und Lebensumstände vermeiden lassen. Das DIPT führte im kleineren Rahmen einmal Therapien und Beratung für einzelne Betroffene durch. Bald aber wurde es auch landes- und bundesweit tätig, um die soziale Lage und psychologische Versorgung von Traumaopfern zu verbessern. In Nordrhein-Westfalen betreiben wir seit 1994 das *Kölner Opferhilfe Modellprojekt* (KOM) in Zusammenarbeit mit dem Sozialministerium NRW, ein Projekt, das zumindest modellhaft einige Verbesserungen für die Versorgung von Gewaltopfern erreichen konnte, einmal in der Therapie, zum andern bei der Durchführung der gesetzlichen Opferhilfe nach dem Opfer-Entschädigungs-Gesetz (OEG). In Zusammenarbeit mit der deutschen Bahn AG betreut das Deutsche Institut für Psychotraumatologie bundesweit die Opfer der Zugunglücke von Eschede und Brühl sowie die Opfer des Schwebebahnunglücks in Wuppertal. In Zusammenarbeit mit der R+V-Versicherung und der Berufsgenossenschaft Verwaltung, Hamburg, leisten wir bundesweit psychologische erste Hilfe für Opfer von Banküberfällen.

In allen Projekten sind Forschung und praktische Hilfe eng miteinander verbunden, da in der Psychotraumatologie wirksame Hilfsmöglichkeiten erst erarbeitet und wissenschaftlich abgesichert werden müssen. Wir wissen inzwischen, dass manche, sogar bundesweit mit viel Engagement eingesetzte Hilfsmethoden für Traumaopfer, wie das so genannte Debriefing (= Einsatznachbereitung) nach Jeff Mitchell nicht dazu beiträgt, negative Langzeitfolgen zu vermeiden. Manche Hilfsangebote scheinen den Zustand der Betroffenen sogar zu verschlechtern. Als Konsequenz ist zu fordern, Traumahilfen fortlaufend kritisch zu überprüfen, um sie den unterschiedlichen Bedingungen optimal anpassen zu können.

Inzwischen ist Psychotraumatologie auch in Deutschland ein anerkanntes Fachgebiet. Es hat sich eine wissenschaftliche Fachgesellschaft gegründet, die deutschsprachige Gesellschaft für Psychotraumatologie (DeGPT). Eine wissenschaftliche Zeitschrift startet im März 2003 beim Asanger-Verlag, Heidelberg. Zunehmend mehr private Initiativen sind bereit, den Opfern erste, akute Hilfe zu leisten. Falls diese wissenschaftlich begleitet werden und ihr Angebot an den Ergebnissen fortlaufend korrigieren, können wir hoffen, dass bis etwa zum Jahre 2010 eine ausreichende soziale und therapeutische Versorgung von Traumabetroffenen in Deutschland zur Verfügung stehen wird.

Nun gibt es seelische Verletzungen natürlich nicht erst seit 10 Jahren, sondern gewiss schon, solange es Menschen gibt. Weshalb entstand dann erst jetzt eine Wissenschaft, die sich systematisch mit ihnen befasst? Wie wurde bislang mit Traumaopfern umgegangen? Wie gingen die Betroffenen mit sich selbst um?

Bisher wurde der Zusammenhang zwischen traumatischen Ereignissen und späteren Krankheitssymptomen oft verkannt. Weder die Opfer selbst noch aber Fachleute, wie Ärzte, Psychologen, Sozialarbeiter oder Lehrer, wurden darauf aufmerksam. Man bemerkte zwar die Verwirrung und den Schockzustand der Opfer unmittelbar nach einer Katastrophe. Die verborgenen Langzeitfolgen wurden jedoch nur selten mit dem traumatischen Erlebnis in Verbindung gebracht. Diese Langzeitfolgen stellen sich mit verbessertem Forschungsstand als recht vielfältig heraus. Bleibt nun die Ursache einer Krankheit unerkannt, so kann auch keine gezielte, ursächlich wirkende Traumatherapie durchgeführt werden, allenfalls eine »Symptombehandlung«.

Nicht nur die Fachleute, auch die Patienten selbst vermögen meist keinen Zusammenhang zwischen ihrer traumatischen Erfahrung und der späteren Erkrankung zu erkennen. Durchschnittlich bis zu 40 Prozent der Betroffenen leiden unter Gedächtnisstörungen. Zeitweilig oder auch dauerhaft können sie sich an den Vorfall nicht mehr erinnern. Selbst aber wenn das Ereignis als solches im Gedächtnis noch zugänglich ist, möchten viele auf keinen Fall daran erinnert werden. Das Trauma ist wie ein wunder Punkt im Seelenleben, der unerträgliche Schmerzen bereitet, wenn er berührt wird.

Wird die Erinnerung vermieden oder ist sie verloren, so *kann* verständlicherweise auch kein Zusammenhang mehr gesehen werden mit den Folgeerscheinungen, handle es sich nun um plötzliche Ängste, Depressionen oder Körperbeschwerden. Diese Störungen werden jetzt unerklärlich, oder man führt sie irrtümlich auf andere Ursachen zurück. Eine »Mauer des Schweigens« entsteht. Viele Traumata berühren zudem so genannte »Tabuthemen«. Um sexuellen Kindesmissbrauch, um Inzest oder Vergewaltigung bildet sich fast regelmäßig eine solche »Mauer des Schweigens« heraus. Bleibt die Ursache unerkannt, so wird das Leiden unverständlich und verlangt nach einer anderen Erklärung. Wer »grundlos« unter panischen Ängsten leidet oder unter Depressionen, die er sich selbst nicht einmal zu erklären vermag: Ist der eigentlich noch »ganz normal«? »Verrückt« zu sein oder für »verrückt«, für »unzurechnungsfähig« erklärt zu werden, dies berührt nun ein zweites, mächtiges Tabu. So geraten die Opfer von schwerer Traumatisierung in folgenden Teufelskreis hinein:

- Das Trauma führt zu seelischen und körperlichen Beschwerden.
- Der Zusammenhang zwischen Beschwerden und Trauma bleibt unerkannt.
- Die Patientin leidet unter einer Störung mit unbekannter Ursache.
- An unerklärlichen psychischen Störungen zu leiden wirft die Frage auf: Bin ich verrückt?
- Jetzt wird ein zweiter Tabubezirk betreten, denn psychisch krank oder landläufig »verrückt« zu sein entspricht nicht einfach irgendeiner Krankheit, sondern wirft Zweifel auf an der eigenen »Zurechnungsfähigkeit«.

Statt eines letztlich verständlichen Leidens, das auf das Trauma zurückgeht, liegt eine unbegreifliche Erkrankung vor. Kaum dem ersten Tabu entkommen und dem Schmerz der Erinnerung, stolpern die Betroffenen in den zweiten Tabubezirk hinein. Wird der »Mantel des Schweigens« über das Trauma gebreitet, so ergibt sich zunächst eine Entlastung. Diese aber ist teuer bezahlt, denn nun erhebt sich mehr oder weniger zwangsläufig die klassische Frage nach »Normalität« oder »Verrücktsein« bzw. »Geisteskrankheit«. Die Zwickmühle zwischen beiden Tabus ist geschlossen.

Welchen Ausweg kann es geben? Wie können wir diese Zwickmühle, diese »doppelte Sackgasse«, von Anfang an vermeiden?

Das Prinzip der Normalität

Ein Gegenmittel ist das *Prinzip der Normalität,* das wir in der Psychotraumatologie vertreten:

Nicht der Betroffene oder das Traumaopfer ist verrückt. »Verrückt« sind vielmehr die Situation oder die Lebensumstände, mit denen es konfrontiert ist oder war.

- Trauma ist eine normale, grundsätzlich gesunde Antwort der Persönlichkeit auf eine verletzende bzw. extrem kränkende Erfahrung.

19

Auch wenn starke Beschwerden und Symptome auftreten, so sind diese eine verständliche, normale Reaktion auf situative Bedingungen, die uns keine wirksame Gegenwehr erlauben und uns einer extrem bedrohlichen Situation hilflos ausliefern. Das Normalitätsprinzip in der Psychotraumatologie besagt aber darüber hinaus, dass wir die Krankheitssymptome selbst nicht nur als eine Schädigung, sondern auch und vor allem als einen Selbstheilungsversuch der Persönlichkeit verstehen.

Auf diesem Symptomverständnis (= Verständnis von Krankheitszeichen) beruhen auch die Hilfsmaßnahmen, die vom *Deutschen Institut für Psychotraumatologie* entwickelt wurden und durchgeführt werden. Sie haben sich in zahlreichen Fällen bewährt. Auch Sie können, falls Ihnen oder einer Ihnen nahe stehenden Person ein Trauma zugestoßen ist, den Erholungsprozess unterstützen, indem Sie sich mit den Folgen des Traumas vertraut machen und sich zugleich darin üben, Traumasymptome als Maßnahmen zum Selbstschutz zu erkennen.

Die häufigsten Anzeichen eines psychischen Traumas

A) Ein belastendes Ereignis, das in einem Zustand der objektiven oder subjektiven Hilflosigkeit erfahren wird. Das Gleiche gilt für belastende Lebensumstände, die über einen längeren Zeitraum hinweg bestehen.

B) Wiederkehrende, plötzliche Erinnerungen an das Ereignis, z. B. in Albträumen oder in sog. »flash-backs«, in »Nachhallerinnerungen«, in denen wie in einem Horrorfilm Szenen vom traumatischen Geschehen ständig wiederkehren. Manchmal tauchen auch nur Bruchstücke auf, wie Gerüche, Geräusche oder Körperempfindungen, die mit den Vorfällen anscheinend in keinem Zusammenhang stehen.

C) Vermeiden von allem, was an das Trauma erinnert oder erinnern könnte, so z. B. ängstliche Vermeidung von Zügen und Straßenbahnen, wenn ein Zugunglück das Trauma verursacht hat, oder auch schon das Reden über Züge, Straßenbahnen oder andere Verkehrsmittel. Die ängstliche Vermeidungshaltung kann sich mit der Zeit immer weiter ausbreiten.

D) Gesteigerte Erregbarkeit und Schreckhaftigkeit. Die Betroffenen können keine Ruhe finden und schrecken bei allen ungewöhnlichen Vorkommnissen zusammen, nicht nur bei solchen, die mit dem Trauma in Verbindung stehen. Das autonome Nervensystem, das die vitalen Überlebensfunktionen beim Menschen regelt, befindet sich in ständiger Alarmbereitschaft. Es ist, als wenn ein Motor auf Hochtouren läuft, ohne dass ein Weg zurückgelegt wird.

Diese vier Merkmale bilden zusammen ein Störungsbild, das wir als das basale psychotraumatische Belastungssyndrom bezeichnen. Um nicht immer diesen komplizierten Ausdruck schreiben zu müssen, benutzen wir im Folgenden die Abkürzung

- **bPTBS = basales (grundlegendes) psychotraumatisches Belastungssyndrom mit den vier Anzeichen A bis D.**

Unmittelbar nach einem traumatischen Ereignis finden sich diese und andere Beschwerden, wie schwere Depressionen und Selbstzweifel oder überwältigende Wut, bei den meisten Betroffenen. Hier sprechen wir noch nicht von einem PTBS. Wer einer großen Gefahr nur knapp entronnen ist, spürt auch nach der Rettung noch einen Erregungszustand am ganzen Körper. Die Knie zittern, viele spüren ein Zittern auch im Kiefergelenk und in der Beckenregion. In dieser Zeit sprechen wir von einer *Schockphase*, hierauf folgt die so genannte *Einwirkungsphase* des Traumas und schließlich, wenn der Selbstheilungsprozess ohne weitere Komplikationen verläuft, die *Erholungsphase*.

 Info:
Der natürliche Traumaverlauf

Der Traumaverlauf ist natürlicherweise durch die folgenden drei Phasen gekennzeichnet:

- *Schockphase.* Verwirrtheit, Unfähigkeit, sich an wichtige Daten zu erinnern, z. B. an die eigene Telefon- oder Hausnummer – dies alles sind Merkmale der Schockphase, die von einer Stunde bis hin zu einer Woche dauern kann. Im akuten Schockzustand ist die Hautfarbe bleich, die Atmung schnell und flach, die Betroffenen haben einen benommenen Blick, manchmal glauben sie, sich an einem anderen Ort zu befinden. Hier sind Maßnahmen zur Beruhigung und Kreislaufstabilisierung angezeigt. Generell gilt: Medizinisch notwendige Maßnahmen haben Vorrang vor der psychologischen ersten Hilfe. Normalerweise besteht hier jedoch kein Ausschließungsverhältnis.
- *Einwirkungsphase.* Daran schließt sich die Einwirkungsphase des Traumas an. Sie kann bis zu zwei Wochen anhalten. Jetzt ist die stärkste Erregung zwar abgeklungen, die Betroffenen sind jedoch von den Ereignissen innerlich völlig in Anspruch genommen. Immer wieder müssen sie wie unter Zwang von den Vorfällen berichten. Starke Selbstzweifel treten auf, häufig auch Depressionen sowie Gefühle von Hoffnungslosigkeit und Ohnmacht. Auch bei Menschen, die zuvor eher optimistisch waren, erscheinen alle positiven Möglichkeiten des Lebens wie in weiter Ferne. Stattdessen klagen sich viele selbst an wegen eigener Fehler. Im Wechsel damit können Wutanfälle und heftige Anklagen gegen mögliche Verursacher auftreten, seien diese Klagen nun berechtigt oder nicht. Oft treten in dieser Zeit Einschlafstörungen auf, Übererregbarkeit, Überwachheit, erhöhte Schreckhaftigkeit, Gedächtnisstörungen, Konzentrationsschwierigkeiten, Albträume und Nachhallerinnerungen vom traumatischen Ereignis. Wenn Todesfälle, insbesondere in der eigenen Familie, zu beklagen sind, erleben manche Überlebende eine schwere Depression und machen sich Vorwürfe, überlebt zu haben (sog. »Überlebensschuld«).
- *Erholungsphase.* Nach 14 Tagen, manchmal erst nach vier Wochen, beginnen sich einige Betroffene vom Trauma zu erholen. Kommen weitere erschreckende Nachrichten oder belastende Lebensumstände hinzu, so verzögert sich die Erholungsphase und kann sogar gänzlich ausbleiben. Günstigenfalls sinkt

jetzt auch die Dauererregung ab. Nicht jeder Gedanke an das traumatische Geschehen löst wieder den vollen Schrecken aus. Das Interesse am normalen Leben, an anderen Personen kehrt wieder. Die Zukunftspläne werden positiver gesehen. Noch immer ist das traumatische Ereignis von zentraler Bedeutung. Es kann noch lange dauern, bis unsere Sicht der Welt und unser Verständnis von uns selbst so umgearbeitet sind, dass die traumatischen Vorfälle darin einbezogen werden können. Für viele bildet das Trauma einen Anlass, über das bisherige Leben zu reflektieren und ihre Zukunftsplanung zu überdenken. Aber für all diese Schritte müssen Energien frei sein. Sie werden nicht mehr von den traumatischen Vorfällen aufgesogen, wenn sich die Erholungsphase ankündigt.

- **Was tun, wenn die Erholungsphase ausbleibt?**

Nicht wenige Betroffene erholen sich nicht so rasch von der traumatischen Belastung. Das kann daran liegen, dass sie aus subjektiven oder objektiven Gründen besonders schwerwiegende Verletzungen erlitten haben. Ein genauer Zeitplan für die Heilung lässt sich bei seelischen Verletzungen ebenso wenig festlegen wie bei einer körperlichen Verwundung. Allerdings kann jetzt ein Zustand eintreten, bei dem fachliche Hilfe und Unterstützung dringend zu empfehlen sind. Selbstverständlich kann diese auch vorher hilfreich sein. Bestehen wesentliche Symptome des PTBS über 4 Wochen hinaus fort oder treten sie mit kurzen Unterbrechungen immer wieder auf, so kann es sein, dass der Selbstheilungsgprozess »festgefahren« ist.

Sie werden im Folgenden viele Tipps erhalten, wie Sie selbst dazu beitragen können, eine solche Blockade zu überwinden. Mittlerweile hat die *Deutsche Akademie für Psychotraumatologie* aber auch bundesweit Expertinnen und Experten für Traumatherapie ausgebildet, die Sie bei Ihrer »Hilfe zur Selbsthilfe« unterstützen können. Wie in der ärztlichen Sprechstunde wird zunächst eine Diagnose erstellt darüber, wie der Heilungsprozess verläuft und welche Komplikationen ihn möglicherweise behindern können.

Eine Studie an der Universität Köln hat ergeben, dass Personen, die ein schweres Trauma erlitten haben und zur Risikogruppe für Langzeitfolgen im Sinne des PTBS gehören, in durchschnittlich nur 10 therapeutischen Sitzungen dauerhaft stabilisiert und geheilt werden können mit einem Therapieverfahren, das als *Mehrdimensionale Psychodynamische Traumatherapie (MPTT)* bezeichnet wird. Es handelt sich um ein Verfahren, das Verhaltenstherapie und tiefenpsychologische Prinzipien miteinander verbindet. Es unterstützt gezielt den natürlichen Selbstheilungsprozess nach Traumata und beseitigt seine Hindernisse. Manche Techniken aus der MPTT lassen sich auch im Selbstversuch anwenden. Den langjährigen Erfahrungen mit diesem wissenschaftlich erprobten Verfahren entstammen auch die Tipps zur Selbsthilfe, die in diesem Handbuch gegeben werden.

Hinweis: Wenn Sie feststellen, dass Ihr Arzt, Psychologe, Psychotherapeut oder Psychiater über die in dieser Broschüre dargestellten Erkenntnisse und Verfahrensweisen nicht informiert ist, zögern Sie nicht, ihm die Informationen zur Verfügung zu stellen. Spezialkenntnisse sind bei Trauma unerlässlich und gehören bisher nicht ohne weiteres zum festen Wissensbestand der einschlägigen Fachdisziplinen. Fachlich fundierte Informationen über traumatherapeutische Verfahren und entsprechend weitergebildete Therapeuten und Einrichtungen finden Sie über die am Ende des Buchs angegebene Kontaktadresse im Internet.

Traumasymptome als Selbstheilungsversuch

Diese Formulierung klingt zunächst paradox. Wie können Krankheitssymptome ein Weg zur Heilung sein? Die Antwort könnte lauten: Auch Krankheit ist immer ein zweipoliges Geschehen, eine Art Kampf zwischen den schädigenden Elementen im Organismus und Selbsthilfekräften, die um Wiederherstellung der Gesundheit ringen. Ein bekanntes Beispiel ist unser Immunsystem, das mit seinen »Killerzellen« in der Lage ist, eingedrungene Erreger oder Schadstoffe zu vernichten. Die Feinde schwächen und die Freunde unterstützen! – beide Vorgehensweisen erscheinen Erfolg versprechend. Naturmedizinische Heilverfahren sind besonders darauf gerichtet, die Selbstheilungskräfte des Organismus zu unterstützen und neu zu organisieren. Manche Medikamente, wie z. B. Antibiotika, vernichten sowohl die schädigenden Elemente im Organismus als auch die Abwehrkräfte und machen daher weitere Maßnahmen erforderlich, um eine gesundheitsstabilisierende Bakterienflora wieder aufzubauen. Solch ein »Naturheilverfahren« ist im psychologischen Bereich auch die MPTT. Hier werden die Kräfte der Persönlichkeit, die nach dem Trauma auf Stabilisierung und Selbstheilung gerichtet sind, erkannt und gezielt unterstützt. Damit dies möglich wird, müssen wir zwischen »Freunden« und »Feinden«, zwischen nützlichen Helfern und den Repräsentanten des Traumas unterscheiden lernen.

Info:
Symptome und Beschwerden sind nicht nur Krankheitszeichen, sie haben auch einen heilenden, gesundheitsfördernden Anteil.

Worin besteht der gesundheitsfördernde Wert bestimmter Symptome und Beschwerden? Mit dieser Frage nähern wir uns nun den Anzeichen des PTBS.

Die Anzeichen des PTBS – schädliche und nützliche Aspekte

A-Anzeichen. Es ist das traumatische Ereignis selbst (s. S. 20).
B-Anzeichen. Sich aufdrängende Erinnerungen an die traumatische Situation (sog. flash-backs oder Nachhallerinnerungen).

Wie oben erwähnt, handelt es sich nicht nur um Gedanken, Bilder, Worte, sondern auch um so genannte Körpererinnerungen: ein Zittern im Kiefergelenk, in den Knien; angespannte, wie sprungbereite Muskelpartien; Nerven- und Muskelschmerzen; Kopf-

schmerzen; Verdauungsstörungen; Erregungszustände und Hitze-
wallungen.

Was sollte an all dem nun freundlich oder gar förderlich sein?
Die meisten Betroffenen möchten diese ungebetenen Gäste so
schnell wie möglich wieder loswerden. Und sie haben Recht
damit. Allerdings erinnert die Gegenwart der ungebetenen Gäste
zugleich daran, dass es vieles zu tun gibt. Dies teilt uns unser
Körper über die Symptome mit. Wir sollten auf die Weisheit unseres Körpers hören. In den Erinnerungssymptomen teilt er beispielsweise mit, dass wir mit dem Trauma als »unterbrochener
Handlung« noch nicht fertig sind. Es gibt noch viel zu tun, die
Handlung will »vollendet« werden. Das Trauma muss in unser
Leben integriert, es muss aus seinem abgespaltenen Zustand be-
freit werden.

Unterbrochenen Handlungen wohnt die Tendenz inne, sie bei
der nächsten sich bietenden Gelegenheit wieder aufzunehmen.
Diese Tendenz hat zum ersten Mal eine Psychologin in den zwan-
ziger Jahren durch einfallsreiche Experimente erforscht. Nach ihr
benennen wir auch heute noch die Tendenz zur Wiederaufnahme
unterbrochener Handlungen als »Zeigarnik-Effekt«. Die Forsche-
rin ließ ihre Versuchspersonen alltägliche Verrichtungen durchführen, wie Stricken, Häkeln oder ein Kreuzworträtsel lösen,
und bat sie dann, ihre Tätigkeit für eine Weile zu unterbrechen.
Jetzt sollte das »eigentliche Experiment« beginnen, nämlich Aus-
wendiglernen von Wortlisten, die nachher aus dem Gedächtnis
wiederzugeben waren. Alle Worte, die mit der unterbrochenen
Tätigkeit in Verbindung standen, wurden bevorzugt erinnert und
zumeist korrekt wiedergegeben, wie z. B. Nadel, Faden usw., wenn
vor der Untersuchung gehäkelt oder gestrickt worden war. Wort-
ketten, die zur unterbrochenen Tätigkeit in keinem Zusammenhang standen, schnitten im Gedächtnistest weit schlechter ab.
Zudem nahmen alle Versuchspersonen ihre unterbrochene Tätigkeit wieder auf und führten sie zu Ende, sobald sich eine Gelegenheit dazu bot.

Wenn die Tendenz zu Wiederaufnahme und Vollendung unterbrochener Handlungen schon bei alltäglichen Verrichtungen so

ausgeprägt ist, um wie viel stärker wird sie sich dann unter existentiell bedrohlichen Handlungsbedingungen, wie beim Trauma, durchsetzen? Im Albtraum taucht der Unfall immer wieder auf. Wenn wir uns in unsere Arbeit vertiefen, »erinnert« der Schmerz im Nacken an das Schleudertrauma. Die Bilder dessen, was vor dem Unfall geschah, kehren wieder, schließlich direkt aus dem bedrohlichen Zusammenstoß: Glassplitter, ein eigenartiger Geruch, Geräusche, die anscheinend keinerlei Zusammenhang mit dem Geschehen haben ... danach ist die Konzentrationsfähigkeit erschöpft.

Manchmal können die Erinnerungen so intensiv sein, dass die Betroffenen die traumatische Situation noch einmal durchleben müssen, nicht als Erinnerung an die Vergangenheit, sondern genauso, wie sich damals alles abgespielt hat. Diese besondere Form der Erinnerung, wie sie nach einem traumatischen Ereignis auftritt, bezeichnen wir als »Nachhallerinnerung« oder als »flashback«. Sie funktionieren wie eine »Rückblende« im Film, wenn eine Szene aus der Vergangenheit plötzlich wieder eingespielt wird. Bei solchen »Rückblenden« kann es leicht zu einer Re-traumatisierung (= erneuten Traumatisierung) kommen.

> Unser Tipp
> zum Umgang mit »flash-backs«:
> Tun Sie alles, um »flash-backs« bzw. automatische »Rückblenden« zu unterbrechen. Versuchen Sie, sich zu beruhigen, kneifen Sie sich in die Wange, schauen Sie sich um im Zimmer oder an welchem Ort Sie sind und machen sich klar, dass Sie sich hier, an diesem Ort befinden und in Sicherheit sind. Verdeutlichen Sie sich, dass es sich dabei um eine Erinnerung handelt an etwas, das in der Vergangenheit liegt und dass die Gefahr vorbei ist. Gehen Sie in Ruhe einige Schritte umher, damit Sie sich wieder »auf dem Boden« fühlen. Spüren Sie dabei Ihre Bewegung und machen Sie sich gleichzeitig bewusst: Ihre Bewegung bedeutet, dass Sie heute etwas tun können, das Ihnen damals nicht mehr möglich war, eben Weggehen, Fliehen, sich auf diese Weise der bedrohlichen Situation entziehen, oder einfach erstarren, sich »Totstellen« usw.

Hier wird der zwiespältige, doppelte Charakter der Erinnerungs-symptome besonders deutlich, ihre schädlichen und ihre nützlichen Eigenschaften. Wenn wir »überflutet« werden und die alte Erfahrung erneut durchleben müssen, kann das zu einer weiteren Belastung und sogar Schädigung führen.

Gelingt es uns, die Erinnerungsbilder in die Vergangenheit »zurückzuschicken«, dann können sie sogar nützlich sein. Sie sind dann einfach ein Hinweis, dass etwas noch nicht erkannt und noch nicht in unser Leben integriert ist; dass etwas noch hinein-will in unseren neuen Lebensentwurf. Die Erinnerung funktioniert wie ein »Memo« in einem Computernetzwerk. Sie taucht in der Kategorie »Agenda-Wiedervorlage« auf, so lange, bis sie endlich »abgearbeitet« und erledigt werden kann.

Dabei ist es wie im täglichen Leben: Man muss den richtigen Zeitpunkt abpassen, um sich erfolgreich mit schwerwiegen-den Problemen auseinander setzen zu können. Dann kann man sich sogar an schreckliche Vorstellungen allmählich gewöhnen. Hier sollte jedoch nichts übereilt werden. Und dafür ist bereits mehr oder weniger »automatisch« durch die folgende Gruppe von Traumasymptomen gesorgt.

C-Anzeichen: Vermeidung/Verleugnung. Wenn die Erinnerungs-symptome uns eine »Wiedervorlage-Liste« vor Augen führen, so liegt der positive Sinn der Vermeidung bzw. Verleugnung darin, dass wir uns nicht überall und jederzeit mit Problemen befassen müssen, die wir ohnehin noch nicht lösen können. Den »Rolladen herunterlassen« und abschalten, dies ist nach einem Trauma sehr sinnvoll. Nur können wir weit über das Ziel hinausschießen, so weit zum Beispiel, dass alle Gefühle überhaupt abgeschaltet wer-den. Weil jedes Gefühl allmählich an die unerträglichen Gefühle aus dem Trauma erinnert. Der Nachteil: Wir stumpfen jetzt gefühlsmäßig ab. Offenbar wird dabei das Kind mit dem Bade ausgeschüttet. Abstumpfung, kein Zugang zu unseren Gefühlen – das sind Folgen, unter denen nicht nur wir selbst, sondern vor allem auch Angehörige und Freunde leiden. Die Gefühle sind unsere Verbindung zur Mitwelt. Wenn sie ausbleiben oder gegenüber früheren Gefühlen wesentlich verändert sind, haben wir den Eindruck, einen anderen Menschen vor uns zu haben. Kinder erleben ihre Eltern als fremd, Eltern ihre Kinder.

Dies sind die problematischen Auswüchse der »Gefühlsdämpfung«. Grundsätzlich aber handelt es sich um einen sinnvollen Schutzmechanismus. Wir wären bald restlos erschöpft, wenn wir keine Möglichkeit hätten, uns gegen die Gefühlsüberflutung aus dem Trauma zu wehren.

Traumaopfer vermeiden reflexhaft alles, was an das Trauma erinnert. Wer im Auto verunglückt ist, erlebt wieder Angstgefühle, wenn er sich in einen Wagen setzt. Ebenso ein Verbrechensopfer, wenn es in die Nähe des Tatorts kommt oder gar mit dem Täter konfrontiert wird.

Auch das Vermeidungsverhalten ist zunächst eine sinnvolle Reaktion. Wie bei den Tieren verfügt unser Gehirn aus seiner Entwicklungsgeschichte über den instinktiven Schutzmechanismus, sich jeden Ort genauestens einzuprägen und zu meiden, an dem eine tödliche Gefahr drohte, wo zum Beispiel ein Raubtier lebte, das für unsere Vorfahren eine tödliche Bedrohung war.

So sinnvoll dieser Schutzmechanismus in der natürlichen Umgebung des Menschen war, so kann er in der modernen, technischen Umwelt doch sehr hinderlich werden. Dehnt sich die Angst zum Beispiel blind und instinktgeleitet nach einem Verkehrsunfall auf alle Autos aus oder auf alle Gärten und Parkanlagen, wenn dort das Verbrechen geschah, so wird der Schutzmechanismus zum Hindernis. Auch hier liegen Sinn und Problematik der Traumasymptome dicht beieinander. Sinnvoll und nützlich ist es, alles zu meiden, was zu einer Wiederholung der Vorfälle führen könnte. Insofern leitet uns unser »instinktives Gehirn«, das »Stammhirn«, welches unsere elementaren Schutzmechanismen regelt, richtig. Aber die Bedrohung geht ja nicht vom Auto als solchem aus oder von diesem Park oder von Parkanlagen überhaupt. Hier sollten die »modernen« Teile unseres Gehirns, die sich in der modernen Umwelt auskennen, wie die Großhirnrinde, mit unseren Instinkten Kontakt aufnehmen und verdeutlichen, worin genau die Gefährdung besteht. Die Zusammenarbeit von »Instinkt« und »Verstand« zu fördern, darauf zielen die meisten Tipps und Übungen.

D-Anzeichen: Dauerhafte Erregung und gesteigerte Schreckhaftigkeit. Auch bei dieser Antwort auf das Trauma liegt der positive Sinn unmittelbar auf der Hand. Trauma wird von unserem »Stammhirn«, einem der stammesgeschichtlich ältesten Hirnteile, automatisch den lebensbedrohlichen Erfahrungen zugerechnet. Hierauf reagieren wir mit den gleichen Mechanismen, wie sie in der Urzeit nötig waren, um uns etwa gegen einen Säbelzahntiger oder ein Mammut zu wehren: mit Kampf- oder Fluchtverhalten. Weglaufen war angesagt, und zwar so schnell es ging, wenn die Kräfteverhältnisse ungünstig waren. Und genauso reagieren wir auch heute noch. Unsere genetische Ausstattung hat sich seit jenen Zeiten nicht wesentlich verändert – nur dass wir uns vielen Gefahren unserer modernen, technischen Welt nicht mehr durch körperliche Bewegung entziehen können. Die Arbeiter, die am Kernkraftwerk Tschernobyl den Betonmantel errichteten, konnten vor der Strahlung nicht fliehen. Die Gefahr ist nicht einmal sichtbar. Unser Gehirn und die Nervenhormone reagieren jedoch wie in Urzeiten: über einen Adrenalinstoß den Körper in extreme Handlungsbereitschaft versetzen und darin erhalten – so lange, bis die Gefahr deutlich und sichtbar vorüber ist. Wann aber ist sie vorüber? Wenn sich der Urzeittiger verzogen hatte, war das klar. Wer aber schaltet bei den heutigen, subtileren Gefahren den Alarm wieder ab? Wie finden wir die Zeichen heraus, die unser Stammhirn benötigt, um Entwarnung zu geben?

So schwierig diese Frage manchmal zu beantworten ist, für unsere Gesundheit kann sie entscheidend sein. Denn wenn wir nach einem Trauma langfristig in einem dauerhaften, panikartigen Erregungszustand verbleiben, können wir nicht schlafen, uns nicht erholen und verfallen über kurz oder lang in einen körperlichen und seelischen Erschöpfungszustand. Wer also gibt nach dem Trauma das Signal zur Entwarnung? Wie beruhigt sich unser wütendes oder verängstigtes »inneres Tier«?

2 Wie kann das Trauma überwunden werden?

Das Wichtigste nach dem Trauma:

- **Sicherheit und Beruhigung.** Sich in Sicherheit bringen, sich beruhigen, alles unternehmen, was je half, sich zu beruhigen, Ausruhen, die Erregung abklingen lassen. Einsatzleiter bei Katastrophenfällen, Rettungsdienst oder Polizisten sollten diese Frage immer mitbedenken: Wie kann ich den Betroffenen einen sicheren Ort verschaffen, fern vom Geschehen, wo ihre Erregung abklingen kann und sie wieder zu sich kommen? Wer sich in höchster Erregung befindet, möchte aufspringen und »irgendetwas« tun. Dies kann oft negative Folgen haben, besonders wenn Verletzungen vorliegen. Den Betroffenen mitzuteilen, dass sie nichts tun müssen, dass andere dabei sind, ihnen zu helfen, kann beruhigend wirken und lediglich reflexgesteuertes Handeln vermeiden. Verhindern Sie, dass Betroffene, die sich in einem Ausnahmezustand befinden, aufspringen und loslaufen.

Wieder Ruhe zu erlangen ist aus verschiedenen Gründen wichtig. Erst dann kommen unsere spontanen Heilkräfte und körpereigenen Erholungsprozesse zum Einsatz. Hält die Erregung an, werden dringend benötigte Kraftreserven unnötig verbraucht. Schließlich kann ein Erschöpfungszustand eintreten, der nicht so sehr auf das traumatische Ereignis zurückgeht, sondern auf die Zeit danach. Der Motor läuft weiter auf Hochtouren, obwohl es kein Fahrziel mehr gibt. Daher sollten Sie alle Hilfsmittel in Anspruch nehmen, die möglicherweise dazu beitragen können, die Tourenzahl Ihres inneren Motors schrittweise herunterzufahren.

Hier einige Tipps

- **An hilfreiche Gewohnheiten anknüpfen.** Tun Sie alles, was Ihnen auch bisher schon geholfen hat, sich zu beruhigen und zu entspannen. Legen Sie sich ins Bett, versuchen Sie zu schlafen oder lesen Sie ein Buch. Besonders zu empfehlen ist Spazierengehen in einer bekannten Umgebung. Treiben Sie Ihren gewohnten Sport, wenn Ihre körperliche Verfassung das zulässt. Wenn Sie die Wahl haben zwischen einem neuen Film im Fernsehen und einer Ihrer Video-Lieblingskassetten, schauen Sie sich die letzteren an. Da die traumatische Erfahrung uns mit zu viel neuer, unverarbeiteter »Information« konfrontiert, ist eine überschaubare Ablenkung vorzuziehen. Unternehmen Sie alles, was Sie ablenken kann. Vermeiden Sie jedoch nach Möglichkeit, sich dazu in Arbeitsvorgänge zu stürzen, die ihrerseits wieder Stress erzeugen. Leider wird dieser Versuch nicht selten unternommen. Das hieße den Teufel mit Beelzebub auszutreiben. Auch wenn es gelingt, sich vom Trauma abzulenken, tritt oft keine Erholung ein, sondern Erschöpfung.

- **Über das Trauma reden!** Reden Sie mit wenigen vertrauten Personen über die Vorfälle. Aber nicht »zwischen Tür und Angel«. Nehmen Sie sich Zeit und stellen Sie sicher, dass Ihr Gesprächspartner ebenfalls nicht unter Zeitdruck steht. Ihr Gesprächspartner sollte einfach zuhören, auf Ihre Gefühle eingehen und seine eigenen zum Ausdruck bringen. Das kann er am besten, wenn er nicht selbst von dem gleichen schrecklichen Ereignis betroffen ist wie Sie. Wichtig ist, dass Ihr Gesprächspartner Sie nicht belehrt oder Ihnen womöglich noch Vorwürfe macht. Wenn dies zu erwarten ist, sollten Sie überlegen, ob es nicht einen anderen Gesprächspartner gibt, der weniger »mitbetroffen« und fähig ist, einfühlsam und auch geduldig zuzuhören. Reden Sie nicht mit Personen, zu denen Sie kein Vertrauen haben. Manche Traumaopfer stehen wie unter einem Zwang, ihre Erlebnisse allen Personen zu erzählen, denen sie begegnen, und das immer wieder. Hier kann es leicht zu Reaktionen von Ablehnung oder Überdruss kommen. Viele Gesprächspartner befinden sich in ihrem eigenen Alltagsstress und sind entweder nicht in der Lage oder nicht bereit, sich auf die meist äußerst bedrohliche Welt einzulassen, in die uns Traumaberichte versetzen. Manche sind selbst zu stark betroffen oder indirekt »mitbetroffen«. Im Sinne eines Teufelskreises fühlen die Opfer sich dann zurückgewiesen, bekommen den Eindruck, dass niemand sie verstehen kann, und ziehen sich immer weiter aus allen sozialen Kontakten zurück. Eine solche Negativspirale lässt sich unterbrechen, wenn Sie mit Ihren Partnern einen begrenzten Zeitraum verabreden, in dem frei über das Trauma gesprochen werden kann. Damit schonen Sie nicht nur Ihren Partner, sondern auch sich selbst. Muten Sie sich nicht zu, alle manchmal schrecklichen Details immer wieder durchzugehen. Oft wird angenommen, dies sei »therapeutisch« wirksam. Im Gegenteil können sich Erinnerungen verselbstständigen, und die ursprüngliche Panik wird wiederbelebt. Statt Erleichterung zu schaffen, wird die Traumatisierung noch verstärkt. Auch wenn Ihr Partner mehr wissen will, erzählen Sie nur so viel, wie es Ihnen möglich ist, ohne im Trauma gleichsam wieder zu versinken. Bitten Sie Ihren Partner, auf Ihre Grenzen Rücksicht zu nehmen. Wie mit dem Trauma ein extremer Verlust an Selbstbestimmung und Kontrolle über den eigenen Lebensraum verbunden ist, sollten Sie alles tun, was Ihnen das Gefühl von Kontrolle und Selbstbestimmung zurückgibt. Besonders hilfreich ist es, wenn Ihre Umgebung Sie darin unterstützt. Für sich selbst können Sie kleine, alltägliche Verrichtungen ausführen, einen Fuß vor den anderen setzen, alles ausprobieren, was noch »funktioniert«, und sich auf das konzentrieren, was Sie bewirken können.

Oberstes Ziel während der Schockphase und der Einwirkungsphase des Traumas ist es, allmählich wieder ein Gefühl der Sicherheit und Geborgenheit zu bekommen, wieder »zu sich« zu kommen und etwas Ruhe zu finden.
Dabei helfen auch einige Übungen, die wir Ihnen im Folgenden vorschlagen. Suchen Sie sich diejenigen aus, die Ihnen am besten

entsprechen. Vielleicht haben Sie mit einer Übung schon Erfahrungen aus der Zeit vor dem Trauma. Knüpfen Sie an alles an, was vor der traumatischen Erfahrung für Sie hilfreich und angenehm war. So erhalten Sie die Verbindung zu Ihrer früheren Verfassung aufrecht und vermeiden einen radikalen Bruch zwischen der Zeit vor und nach dem Trauma.

Distanzierung und Selbstberuhigung

Bitte notieren Sie, bevor Sie weiterlesen, auf einem Blatt Papier die zehn größten Erfolge Ihres Lebens. Wenn Sie schon ein Trauma-Tagebuch angelegt haben, tragen Sie Ihre fünf größten Erfolge dort ein. Begründen Sie bei jedem Erfolg mit mindestens fünf Argumenten, weshalb es sich um einen Erfolg handelt.

Übung »An Erfolge denken«

Wenn Erinnerungen an Ihr belastendes Ereignis oder die belastenden Lebensumstände aufkommen, dann denken Sie gleichzeitig an Ihre früheren Erfolge. Führen Sie die Liste Ihrer Erfolge mit sich. Wenn Sie bemerken, dass Sie sich in Gedanken längere Zeit mit dem Ereignis beschäftigt haben, ziehen Sie Ihre Erfolgsliste heraus und lesen Sie sich die Erfolge vor, möglichst laut, wenn es von den äußeren Umständen her möglich ist. Nach einiger Zeit benötigen Sie die Liste nicht mehr in schriftlicher Form. Dann gehen Sie Ihre Erfolge in Gedanken durch, besonders dann, wenn sich Gefühle der Unzulänglichkeit oder des Versagens bei Ihnen melden sollten.

Wirkungsweise. Viele Opfer von traumatischen Ereignissen erleben ihr Unglück wie ein persönliches Versagen, auch wenn dies objektiv gar nicht zutrifft. Dann breitet sich eine lähmende, deprimierende Stimmung aus, die eine wirklichkeitsnahe Sichtweise versperrt. Diese Stimmung können Sie unterbrechen, wenn Sie sich an frühere Erfolge erinnern. Natürlich bleibt die schreckliche Erfahrung, die Sie machen mussten, auch weiterhin deprimierend. Aber für viele Betroffene erscheint sie dann nicht mehr so allumfassend. Wenn Sie Ihre bisherigen Erfolge dagegenhalten, weisen Sie dem jetzigen Unglück einen begrenzten Platz in Ihrem Leben zu.

Umgang mit dem Atem

Wie Sie feststellen werden, knüpfen die Übungen an vieles an, was wir spontan und natürlicherweise bereits tun, um mit belastenden Situationen fertig zu werden. Dennoch können wir bestimmte körperliche oder seelische Abläufe auch gezielt beeinflussen. Bei manchen Krankheiten kann dies Komplikationen hervorrufen. Wir geben daher im Folgenden die wichtigsten Ausschlusskriterien wieder.

Vorsicht! Ausschlusskriterien: Unter gewissen Voraussetzungen sollten Sie die Übung nicht machen oder sich unbedingt zuerst mit Ihrem behandelnden Arzt abstimmen, etwa wenn Sie an einer Asthmaerkrankung leiden oder an einer Herzrhythmusstörung, ebenso wenn Sie akute Selbstmordgedanken haben oder an einer psychiatrischen Erkrankung leiden. Stimmen Sie sich mit Ihrem Psychotherapeuten ab, wenn Sie sich in einer laufenden Psychotherapie befinden.

Atemübung

Atmen Sie tief ein und möglichst langsam und lang gezogen wieder aus. Sie können ohne weiteres 30 bis 60 Sekunden lang ausatmen, ohne dass nachteilige Folgen zu befürchten sind. Zwingen Sie sich aber nicht zu Höchstleistungen. Zählen Sie beim Einatmen zum Beispiel bis zwei, beim Ausatmen bis drei, vier oder fünf, um das für Sie optimale Verhältnis zwischen Ein- und Ausatmen herauszufinden. Finden Sie Ihren individuellen Atemrhythmus und pendeln ihn so ein, wie es möglichst bequem für Sie ist und Ihnen persönlich entspricht. Nehmen Sie sich für diese Übung 10 Minuten Zeit. Wiederholen Sie sie in regelmäßigen Abständen, bis Sie eine beruhigende Wirkung verspüren.

Wirkungsweise. Im Erregungszustand gehört eine schnelle, eher flache Atmung bis hin zur Hechelatmung zum Bestand eines dem Menschen angeborenen physiologischen Reaktionsmusters. Indem wir uns nun auf ein Element des Gesamtmusters konzentrieren, den Atem, und dieses »Herunterfahren«, können auch andere Funktionen wie die Pulsfrequenz sich verlangsamen. Dies ist aber zunächst keineswegs automatisch der Fall. Wenn das Herz also weiterrast, ist dies zunächst völlig normal. Manchmal hilft es, dem Herzen beruhigend zuzureden, wie etwa: »Du kannst dich jetzt auch beruhigen, die Gefahr ist vorbei« usw. Warten Sie in Ruhe ab, eine beruhigende Wirkung zeigt sich erst nach längerem Üben. Auch wenn Sie nur eine kurze und vorübergehende Beruhigung erreichen, schafft dies Erleichterung, bereits auf körperlich-physiologischer Ebene. Durch die erregte Atmung wird das Blut durch vermehrte CO_2-Abgabe alkalisch und parallel dazu stellt sich ein Mangel an Kalzium ein. Dadurch steigt die nervöse Unruhe bis zu Krämpfen. Ganz langsames Ausatmen dagegen lässt den CO_2-Spiegel und dadurch auch den Kalziumspiegel wieder steigen, und Sie können die Dinge gelassener betrachten.

Viele Sportler atmen in Stresssituationen oder bei körperlicher Anstrengung gezielt langsam aus. Beim Tennis sind manchmal jene »Schnaufer« zu hören, die bei starkem Ausatmen entstehen. Diese Technik können Sie sich als Anti-Trauma-Technik zu Nutze machen. Durch tägliches Training und durch die bewusste Übung: langsames Ausatmen und dann tiefes Einatmen, wenn eine körperliche Anstrengung oder psychischer Stress ansteht.

Die Atemtechnik in Stresssituationen oder bei Anstrengung erfordert einige Übung. Spontan atmen nämlich die meisten Personen ein und halten sogar die Luft an, wenn sie sich anstrengen. Wenn Sie jedoch täglich üben, stellt sich nach etwa vier Wochen konsequenter Übung eine Gewohnheit ein und Sie werden bemerken, dass Sie ruhiger und entspannter auch an solche Aufgaben gehen können, die Sie sonst »gestresst« haben.

Hilfreiche Gedanken und Vorstellungsbilder. Vorstellungsbilder und bestimmte Sätze, die man zu sich selbst spricht, können helfen, sich zu beruhigen und wieder einen relativ entspannten Zustand zu erreichen. Manche Betroffene, besonders wenn sie selbst Kinder hatten und über Erfahrungen als Eltern verfügen, sprechen zu sich selbst wie mit einem Kind – um ihr »inneres Kind« zu beruhigen, das schwer geschockte, verängstigte Kind in sich. Diese Vorstellung ist nicht nur eine »Technik«, sondern knüpft an einen wirklichen seelischen Vorgang an. Denn in Situationen extremer Hilflosigkeit, wie sie das Trauma mit sich bringt, werden wir alle an die Hilflosigkeit unserer Kindheit erinnert und wünschen uns gute Eltern, die uns beschützen oder trösten. Seien Sie für sich der gute, beschützende Vater oder die fürsorgliche, tröstende Mutter! Oder wählen Sie innerlich einen anderen Erwachsenen als Vorbild für Ihre »Selbst-Tröstung« aus, den Sie als hilfreich erleben oder früher als hilfreich erlebt hatten. Sorgen Sie für sich, wie sie es als Kind erfahren haben oder sich gewünscht hätten! Sprechen Sie mit sich so, wie Sie mit einem Kind sprechen würden, das sich erholen und beruhigen will.

 Unser Tipp:
Dem Täter ein Schnippchen schlagen!

Da vor allem die Opfer von Gewaltverbrechen und andere Opfer menschlich verursachter Traumata eine berechtigte Wut gegen den Täter bzw. Verursacher empfinden, hilft oft die Vorstellung weiter, sich zu beruhigen und zu erholen, um dem Täter nicht den Triumph zu gönnen, auch langfristig noch Leiden und Krankheit verursachen zu können.

Der Täter bekommt nur manchmal, wenn er denn gefasst wird, »lebenslänglich«, das Opfer dagegen sehr häufig. Dieser Satz spricht eine bittere Wahrheit aus. Vielen Opfern hilft es, sich klar zu machen, dass sie zumindest auf den zweiten Teil des Satzes Einfluss nehmen können, nämlich auf das »Lebenslänglich« des Opfers. Atmen Sie die bösen Erinnerungen an den Täter heftig aus, wenn Sie Ihre Atemübung machen. Schicken Sie »sein Bild« an ihn zurück. Die Erinnerungen an den Täter haben nicht das Recht, für immer Ihre Innenwelt zu bewohnen und zu vergiften. Versäumen Sie aber nichts, was dazu führen kann, den Täter zur Rechenschaft zu ziehen.

Wenn Sie die Zeit nach dem Trauma nutzen, um Übungen wie die Atemübung zu beherrschen, können Sie später immer darauf zurückgreifen. Was Sie sich hier erarbeitet haben, nützt Ihnen für Ihr weiteres Leben: in Stresssituationen, beim Sport, bei anstrengender Arbeit. So können Sie mit dieser Übung und auch bei anderen Übungsangeboten mit einfachen Mitteln eine gesündere Lebensführung erreichen.

Lassen Sie sich Zeit zur Erholung, drängen Sie sich nicht und lassen Sie sich nicht drängen. Erholung braucht Zeit, erst recht nach schweren seelischen Verletzungen. Die Traumaerfahrung wird nur schrittweise verarbeitet, nicht auf einen Schlag.

Sorgen Sie für Distanz zwischen sich und der traumatischen Erfahrung. Konfrontieren Sie sich nicht vorzeitig wieder mit den belastenden Eindrücken. Die Konfrontation mit ihnen ist erst dann sinnvoll, wenn Sie sich schon weitgehend erholt haben und über sichere Mittel verfügen, sich zu beruhigen und zu distanzieren, falls Sie an die Vorfälle erinnert werden.

Leider respektieren nicht alle Einrichtungen, die beauftragt sind, Traumabetroffene zu unterstützen, diese wichtige Bedingung von Erholungs- und Rückzugsmöglichkeiten. In der chirurgischen Ambulanz trifft das Opfer von Verkehrsunfällen plötzlich auf seinen »Unfallgegner«, im selben Raum, manchmal sogar im gleichen Krankenzimmer. Verbrechensopfer erhalten Post an ihre Privatadresse vom Täter, der sich auf Anraten seines Anwalts für die Tat entschuldigt. Opfer werden im Rahmen eines – falsch verstandenen – Täter-Opfer-Ausgleichs bedrängt, dem Täter zu vergeben. Medienvertreter dringen in die Intimsphäre des Opfers vor und fragen nach Einzelheiten des Geschehens, die eine *Überflutung* mit den traumatischen Erinnerungen auslösen können – ebenso Beamte von Polizei und Justiz, die noch nicht darin ausgebildet wurden, die Bedürfnisse traumatisierter Opfer zu respektieren.

Stellen Sie diesen Personen Ihre Informationen zur Verfügung und sagen Sie sich selbst, dass Sie ein uneingeschränktes Recht auf Erholung und Genesung besitzen so wie Patienten mit einer körperlichen Verletzung auch. Achten Sie auf Ihre Grenzen und teilen

Sie diese deutlich jedem Gesprächspartner mit. Sie liegen dort, wo Sie die inzwischen erreichte Beruhigung wieder verlieren und fürchten müssen, von den Erinnerungsbildern und Gefühlen überschwemmt zu werden. Gesprächspartner, die mit den Grundlagen der Psychotraumatologie vertraut sind, werden schon von sich aus Ihr Bedürfnis nach Sicherheit und Erholung respektieren und ihre Zurückhaltung zum Ausdruck bringen.

Der beruhigende Rhythmus – Tagesrituale

Hier richten wir unseren Tagesablauf nach festen, überschaubaren Regeln ein, die wir »ritualisieren«. Wenn Sie wieder zur Arbeit gehen, ist dadurch ein großer Teil des Tages bereits ausgefüllt. Besprechen Sie mit Ihrem Hausarzt, ob und wieweit er es für möglich hält, dass Sie Ihrer Arbeit bereits während der Einwirkungsphase wieder nachkommen. Aus psychotraumatologischer Sicht hat es sich bewährt, innerhalb der ersten 14 Tage nach einem schwer belastenden Vorfall nur allmählich und zeitweise die Arbeit wieder aufzunehmen.

Falls Sie eine »Auszeit« zu Hause für Ihre Erholung nutzen können, aber auch zur Gestaltung Ihrer Freizeit,

Unsere Tipps
zum Tagesritual:
Schreiben Sie auf einem Blatt Papier alle Aktivitäten (und »Nicht-Aktivitäten«) auf, die Sie gern betreiben, wie Ausruhen an einem bestimmten Ort, Spaziergänge, Treffen mit Freunden, Lesen, Fahrrad fahren, Hobbyarbeiten usw. Schließen Sie als Nächstes alle Tätigkeiten aus, die besondere Anstrengung erfordern und daher »stressig« werden könnten. Fügen Sie die verbleibenden in einen möglichst ritualisierten Tagesablauf ein. Darin sollten auch Entspannungsübungen wie die geschilderte Atemübung oder die Muskelentspannung und, falls möglich, auch sportliche Aktivitäten einen festen Platz einnehmen. Achten Sie auf gesunde Ernährung (wir gehen weiter unten darauf ein), meiden Sie Alkohol, Suchtmittel und

auf Ihr Befinden einwirkende Medikamente, soweit diese nicht vom Arzt verschrieben wurden. Denken Sie sich eigene Tätigkeiten aus, die Ihnen geeignet erscheinen, Beruhigung zu fördern und Distanz zu den Vorfällen zu gewinnen.

Wirkungsweise. Das Trauma erschüttert unser Verständnis von uns selbst und von der Welt in seinen Grundfesten. Besonders unsere vitalen Bedürfnisse nach Sicherheit und nach einer »verlässlichen Weltordnung« sind betroffen. Durch die einfallsreiche, aber auch konsequente Gestaltung eines Tagesrituals bauen wir uns unsere eigene Weltordnung wieder auf. Wir signalisieren dem verletzten Kind, dem verletzten Lebewesen in uns, dass die Gefahr vorüber ist, dass die Umgebung wieder überschaubar ist und es sich wieder sicher fühlen kann. Wenn diese Botschaft in der Tiefe unseres Seelenlebens ankommt, schaltet auch der Körper allmählich wieder zurück auf »Normalbetrieb«.

Unser Tipp:
Ihre persönlichen Organisationsmittel anpassen und nutzen

Während der Schockphase und auch noch während der Einwirkungsphase müssen Sie mit Verwirrung und Konzentrationsschwäche in einem bis dahin meist nicht gekannten Ausmaß rechnen. Sie können dem entgegenwirken, indem Sie intensiven Gebrauch von Ihren persönlichen Organisationsmitteln machen. Fast jeder hat ein Notizbuch. Tragen Sie es ständig bei sich und machen Sie sich über alle Aufgaben und Termine sorgfältig Notizen. Misstrauen Sie Ihrem eigenen Gedächtnis. Sorgen Sie dafür, dass Sie Ihre persönlichen Daten und Unterlagen bei sich haben.

Ein »**Superbuch**« anlegen. Dies ist ein Notizbuch ohne Terminangaben, in das Sie wie in ein Tagebuch fortlaufend alle Informationen eintragen, die Sie erreichen: Telefonnummern, Termine, zu erledigende Aufgaben, Adressen usw. Meist ist im Notizbuch dafür nicht genügend Platz vorhanden. Schreiben Sie alles auf, was Ihnen für das praktische Leben wichtig erscheint.

Sorgen Sie dafür, dass Sie Notizbuch und Superbuch stets bei sich tragen, entweder in der Jackentasche oder in der Handtasche. Bei den Herren ist meist eher in einer Aktentasche Platz oder in einer der heute modernen kleineren Umhängetaschen mit den vielen Fächern. Legen Sie Notizbuch und Superbuch nachts neben sich ans Bett. Tragen Sie Aufgaben ein, die Ihnen durch den Kopf gehen. Viele Menschen können dann besser schlafen, wenn sie ihre Ideen und Pläne »abgelegt« haben und sicher sind, sie am nächsten Morgen wieder vorzufinden.

Legen Sie sich ein »Traumatagebuch« an, in das Sie Eintragungen machen können zum Traumaerleben und zur Traumaverarbeitung (S. 34). Verwenden Sie dazu nicht Ihr Notizbuch oder Ihr »Superbuch«. Sonst besteht die Gefahr, dass Sie in das Trauma-Tagebuch hineinschauen, wenn Sie es gar nicht wollen. Das Trauma-Tagebuch dient als »Ablage« für das Traumaerleben. Daher müssen Sie es notfalls sogar wegschließen können, wenn Sie an die Vorfälle nicht erinnert werden wollen.

Tipps und Übungen zur Selbstberuhigung und Distanzierung

Sich beruhigen und Distanz zum traumatischen Geschehen bekommen, dies ist die beste Methode, um sich vor negativen Langzeitfolgen zu schützen.

Manche Menschen, die ein Trauma erlebt haben, sind aber zuerst noch zu ängstlich oder zu wütend, um sich beruhigen zu können. Falls es Ihnen so geht, sollten Sie sich diese und andere starke Gefühle in jedem Falle zugestehen. Sie sind eine völlig normale Reaktion auf das, was Sie erleben mussten. Versuchen Sie aber, nicht aus diesen Gefühlen heraus zu handeln. Unternehmen Sie keine »spontane Racheaktion« gegen den (vermeintlichen) Täter. Treffen Sie keine unüberlegten Entscheidungen, wie etwa Aufgeben der Wohnung, wenn dort ein Überfall geschah usw.! Solche Schritte müssen in Ruhe überlegt werden.

Wenn Sie sich sehr ängstlich fühlen oder sehr misstrauisch sind, empfehlen wir vor den Übungen zur Selbstberuhigung oder gleichzeitig mit ihnen die Wachsamkeitsübung (S. 74 f.). Wenn Sie wütend sind, verwenden Sie für sich oder gegenüber Ihrem vertrauten Gesprächspartner Ihr gesamtes Repertoire an Schimpfwörtern. Sagen Sie in Ihrer Vorstellung den Verantwortlichen die Meinung. Schlagen Sie auf ein Kissen oder, wenn Sie zur Verfügung haben, auf einen Punchingball ein und stellen Sie sich vor, dass Sie den Täter treffen. Begrenzen Sie jedoch die Zeit für diesen Erregungszustand und versuchen Sie anschließend, sich zu beruhigen. Tragen Sie dazu bei, dass der Verursacher zur Verantwortung gezogen wird.

Wenn Sie im Folgenden den Text zu unseren Entspannungsübungen lesen, werden Sie feststellen, dass sie auch Elemente enthalten, um Ihre Erregung abreagieren zu können. Die Erregung spüren und sich dann wieder beruhigen und entspannen – dies ist der beste Weg, um das Trauma zu überwinden.

Auf den Körper achten.
Übungen zur Muskelentspannung

Haben Sie schon einmal eine Katze beobachtet, die aus größerer Höhe herabstürzt, sich im Fallen so lange dreht und zappelt, bis sie schließlich federnd auf allen vier Pfoten landet? In Bruchteilen von Sekunden pendelt das Tier reflexartig sein Gleichgewicht ein und bereitet sich, die Beine ausgefahren wie Sprungfedern, auf den Aufprall vor. Selbst nach einem Sturz aus erstaunlicher Höhe bleibt die Katze unverletzt und scheint von dem Fall nicht einmal besonders beeindruckt zu sein.

Auch unser menschlicher Körper arbeitet reflektorisch wie der einer Katze, wenn er sich auf gefährliche Situationen, wie etwa einen Aufprall, vorbereiten muss. Ebenso wenn er sich plötzlich auf Kampf oder Flucht einstellt oder wenn beide Impulse, Kampf und Flucht, zugleich aktiv sind – nur dass unsere Chancen, unverletzt zu bleiben, weit weniger günstig sind als bei der Katze, weil unsere Gliedmaßen nicht die gleiche Federkraft besitzen, unsere Gleichgewichtsreaktion meist weniger effektiv ausfällt und unser Körpergewicht höher ist. Dennoch laufen all unsere Schutzreaktionen ebenso rasch und nachhaltig ab wie bei der Katze, ohne dass sie uns im Einzelnen bewusst werden müssen. Bewusst nehmen wir meistens erst wahr, dass und wie wir reagiert *haben*. Wenn alles gut geht, können wir durch bewusste Handlungssteuerung dann noch weiter regulierend eingreifen. Wenn es aber ums Überleben geht, übertragen die über unser Großhirn führenden Mechanismen die Information viel zu langsam. Unser Organismus reagiert, wie der anderer Lebewesen auch, mit vorprogrammierten Reflexmustern, über neuronale Schaltkreise, die eine möglichst kurze Zeitspanne zwischen Wahrnehmung und Handlung benötigen. Denken und bewusste Planung wirken sich erst später aus und brauchen mehr Zeit.

Traumatisch unterbrochene Handlungen sind solche, die mit höchstem Energieeinsatz und mit Beteiligung aller Bewegungsprogramme begonnen, dann aber nicht wirksam zu Ende geführt werden. Sie bleiben gewissermaßen »im Körper stecken« und »frieren« dort ein. Auch dies geschieht zumeist, wie auch sonst bei instinktregulierten Selbstschutzmaßnahmen, unter Umgehung des Bewusstseins. Die betroffene Muskelpartie wird maximal aktiviert und bereitet sich, wie bei der Katze, auf den Aufprall vor. Oft auch noch dann, wenn die äußere Gefahr längst vorüber ist.

So wurde ein Motorradfahrer bei einem Zusammenstoß ca. 30 Meter weit durch die Luft geschleudert und hatte wie durch ein Wunder den Aufprall auf die Straße mit nur wenigen, unkomplizierten Knochenbrüchen in Handgelenk und Schulter überlebt. Nachdem seine körperliche Heilung gut verlaufen war, litt er unter einer psychotraumatischen Belastungsstörung und zudem unter dauerhaften, starken Muskelschmerzen im Bereich der Oberarm-, Rücken- und Beckenmuskulatur, für die jedoch keine körperliche Ursache gefunden werden konnte. In der psychotraumatologischen Behandlung zeigte sich dann, dass er immer weiter genau jene Muskelpartien in Höchstspannung hielt, die für die Landung beim Unfall notwendig waren und schließlich sein Überleben auch gesichert hatten. Wie die fallende Katze bereitete er sich innerlich noch immer auf den Aufprall vor. Dass die Gefahr vorüber war, dieser Umstand war seinem Großhirn zwar gegenwärtig, in die Stammhirnregion offenbar aber noch nicht vorgedrungen.

Dauerhaft verspannte Muskelpartien, besonders wenn es sich um die tief liegende Skelettmuskulatur handelt, verursachen nicht nur Schmerzen. Bleibt eine Dauerverspannung des Muskels langfristig bestehen, so werden in der Regel auch anatomische Strukturen verzerrt. Bei verhärteten (kontrahierten) Muskeln im Bereich der Wirbelsäule kann mit der Zeit auch ein Vorfall der Bandscheibe auftreten. Ein dauerhaftes Einrollen der Schulter- und Nackenmuskulatur, das einem automatischen Schutzreflex entspricht (Kopf einziehen und Schultern hochziehen), kann als »eingefrorenes Verspannungsmuster« zu einer Einengung im Brust- und Bauchbereich und damit u. a. zu einer dauerhaften Verringerung des Atemvolumens führen (flache Atmung). Solche so genannten »neuromuskulären Verspannungszustände« bilden eine nahezu regelmäßige Begleiterscheinung von psychischer Traumatisierung, die mit der Zeit zu bedenklichen gesundheitlichen Folgen führt. Kurt und Reiner Mosetter haben eine spezielle Druckpunktmethode, die Myoreflextherapie, entwickelt, ein Verfahren, mit dem durch Stimulation bestimmter, anatomisch genau umschriebener Druckpunkte, auch langfristig bestehende, schmerzhafte Verspannungszustände ausgeglichen werden können. Das Nervensystem der Körpermuskulatur lässt sich, wie mit einem Reset-Knopf am Computer, neu einstellen und findet dann zu seiner alten Selbstregulierung zurück. In Zusammenarbeit mit dem Kölner Universitätsinstitut und dem Deutschen Institut für Psychotraumatologie wird dieses Verfahren als »neuromuskuläre Trauma-Komplementärtherapie« (NMTT) speziell für die ganzheitliche Genesung nach psychischer Traumatisierung eingesetzt.[1]

Bleibt die Tiefenmuskulatur verspannt und verkürzen sich die betreffenden Muskelgruppen, so ist die Behandlung durch Fachleute angezeigt, die mit der Trauma-Komplementärtherapie vertraut sind. Die Erfahrung zeigt jedoch, dass bei frühzeitigem Einsatz nach dem Trauma auch Entspannungsverfahren helfen, die wir selbst ausführen können.

Fortschreitende Muskelentspannung

Dieses Verfahren, nach seinem Begründer auch als »Jacobson-Technik« bezeichnet, ist durch Sportpsychologie oder auch als Entspannungsübung für Schüler im Unterricht relativ bekannt geworden, ähnlich wie das »autogene Training«. Wenn Sie mit der progressiven Muskelentspannung schon vertraut sind, verwenden Sie das Verfahren so, wie Sie es gewohnt sind und wie es sich auch vor dem Trauma bei Ihnen bewährt hat. Vielleicht finden Sie in der folgenden Variante, die sich für Traumabetroffene besonders eignet, einige Anregungen, die Sie noch einbeziehen können.

Ausschlusskriterien: Unter gewissen Voraussetzungen sollten Sie die Übung nicht machen. Oder sich unbedingt zuerst mit Ihrem behandelnden Arzt besprechen, etwa wenn Sie an einer Asthmaerkrankung leiden oder an einer Herzrhythmusstörung. Ebenso wenn Sie akute Selbstmordgedanken haben oder an einer schweren psychischen Erkrankung leiden. Stimmen Sie sich mit Ihrem Psychotherapeuten ab, wenn Sie sich in einer laufenden Psychotherapie befinden.

Übung zur fortschreitenden Muskelentspannung[2]:

Lesen Sie bei jeder Übung die gesamte Beschreibung erst sorgfältig durch, bevor Sie die Übung ausprobieren. Machen Sie sich auch mit der Erklärung zur Wirkungsweise der Übung vertraut: Stichwort Wirkungsweise.

Setzen Sie sich auf einen bequemen Stuhl mit Armlehnen. Stellen Sie sicher, dass Sie nicht gestört werden können. Setzen Sie sich aufrecht hin, sodass Ihr Kopf vom Oberkörper ohne Mühe getragen wird, und lehnen Sie sich leicht an die Rückenlehne an. Lassen Sie die Schultern fallen, die Unterarme ruhen auf der Stuhllehne. Die Füße stehen fest auf dem Boden und tragen die Unterschenkel. Atmen Sie tief und ruhig durch, möglichst mit Bauchatmung. Um zu kontrollieren, dass Sie wirklich über den Bauch atmen, legen Sie eine Hand auf Ihre Bauchdecke und atmen »gegen die Hand an«. So können Sie bemerken, wie sich Ihr Bauch bei jedem Atemzug hebt und senkt. Falls Sie sich mit der früher beschriebenen

Atemübung schon vertraut gemacht haben, führen Sie sie jetzt durch, dann wird Ihnen die Entspannungsübung leichter fallen.

Bei den weiteren Schritten geht es nun vorwiegend darum, den Unterschied zwischen entspannten und verspannten Muskelgruppen kennen zu lernen und ihn immer genauer zu erspüren. Denken Sie an das Beispiel der Katze. Viele unserer reflexhaften Bewegungen und Verspannungen werden von uns nicht bemerkt. Wir können aber lernen, sie wahrzunehmen, wenn wir uns mit der unterschiedlichen Empfindung vertraut machen, die von der gleichen Muskelpartie einmal im entspannten, dann im angespannten Zustand ausgeht.

Wir beginnen mit dem Arm, mit dem wir bevorzugt Handlungen ausführen, also dem rechten Arm bei Rechtshändern und dem linken bei Linkshändern. Bereiten Sie sich nun darauf vor, an diesem Arm sämtliche Muskeln der Reihe nach maximal anzuspannen. Am besten erreichen Sie das, wenn Sie die Faust ballen, den Unterarm nach oben hin anwinkeln und zugleich die Muskeln des Oberarms anspannen. Atmen Sie dabei tief ein. Dann halten Sie bitte die Luft an und die Muskeln gespannt, so lange Sie können. Atmen Sie jetzt aus, entspannen Sie gleichzeitig den Arm und lassen den Unterarm sanft auf die Stuhllehne fallen.

Prägen Sie sich jetzt bitte diesen Ablauf ein und führen Sie auf ein Zeichen hin, das Sie sich geben, die Übung bis hierher durch. Atmen Sie danach wieder ruhig, tief und entspannt durch, wobei Sie langsam und anhaltend ausatmen.

Wenn Sie Ihre Aufmerksamkeit auf die Hautfläche richten, mit der Ihr Arm die Unterlage berührt, können Sie am besten spüren, wie sich von dort ein Gefühl der Schwere in Ihrem Arm ausbreitet. Es kann sich im ganzen Arm ausbreiten und ist ein Zeichen dafür, dass sich Ihre Armmuskulatur zu entspannen beginnt. Manche Personen spüren auch ein Gefühl der Wärme, das wohl tut und ebenfalls zur Ausbreitung neigt. Physiologisch ist dies ein Zeichen, dass der Arm vermehrt durchblutet wird – eine Folge der Muskelentspannung. Aber Ihr Körper als »Handlungspartner« signalisiert Ihnen zugleich Entspannung an der Handlungsfront. Diese Mitteilung lässt sich etwa so umschreiben: »Wir brauchen jetzt nicht ›einzugreifen‹ und uns auch nicht auf einen Eingriff vorzubereiten. Aber ich bleibe wachsam und bin nach der Erholungspause umso besser wieder einsatzbereit, wenn es notwendig ist.«

Wenn Sie die Übung so weit als entspannend und angenehm erlebt haben, werden Sie sich fragen, ob sie sich nicht ausdehnen lässt, vielleicht auf den ganzen Körper. Das geht so:

Nehmen Sie zunächst den zweiten Arm hinzu und üben Sie so lange, bis Sie die Entspannung und ihre Begleiterscheinung, Schwere und Wärme, in beiden Armen fühlen. Denken Sie, wenn Sie die Fäuste ballen, an etwas, worüber Sie sich besonders geärgert haben. Sie werden dann bemerken, wie sich gleichzeitig Ihre Gesichtsmuskeln zusammenziehen. Verstärken Sie das, indem Sie mit aller Kraft eine Grimasse ziehen. Legen Sie einen Teil der Spannung und Wut, die Sie in sich spüren, in Ihre geballten Fäuste und Ihre Grimasse hinein, halten Sie die Luft an und pusten Sie mit dem Ausatmen den Ärger hinweg und zugleich das Vorstellungsbild der Sache oder Person, über die Sie sich geärgert haben. Ausstoßen von etwas, das uns unbekömmlich ist, ist eine der natürlichsten Reaktionen unseres Körpers. Gelingt es uns, so kann dies eine wesentliche Erleichterung verschaffen.

Schließlich können Sie die Übung schrittweise auf die großen Muskelpartien ausdehnen. Falls Sie mit Ihren Beinen beginnen wollen, erreichen Sie einen guten Spannungszustand, wenn Sie Ihre Fußspitzen nach oben und innen hochziehen. Die Schulter- und Nackenpartie spannen Sie an, wenn Sie die Schultern hochziehen und den Kopf einziehen. Ihren Bauch können Sie anspannen, indem Sie ihn herausstrecken oder einziehen. Alle Muskeln lassen sich entweder durch Dehnung oder durch Zusammenziehen anspannen. Wechseln Sie ab zwischen diesen beiden Möglichkeiten der Anspannung. Atmen Sie die unerwünschten Erinnerungen, wenn Sie sich während der Übung einstellen sollten, einfach mit aus.

Die Anspannung soll fünf bis sieben Sekunden dauern, für die Füße kürzer. Die Entspannung sollte mindestens 30 Sekunden gehalten werden.

Kurzdurchgang. Schließlich können Sie in einem »Kurzdurchgang« auch trainieren, alle Muskelpartien gleichzeitig anzuspannen. Spannen Sie also die Beine, Hände, Arme, den Rücken, Bauch und Gesäßpartie, Gesichtsmuskulatur bis hin zur Kopfhaut an, halten die Spannung, atmen aus und entspannen. Genießen Sie die Entspannung, die Empfindung von Wärme und Schwere, die sich in Ihrem Körper jetzt ausbreiten kann.

Abschluss der Übung und »Aufwachen«. Vor allem wenn Sie die Übung im Kurzdurchgang beherrschen, kann sich eine Entspannung einstellen, die an einen schlafähnlichen Zustand erinnert. Um aus dieser leichten »Trance« wieder aufzuwachen und ins Leben zurückzukehren, geben Sie sich selbst das Signal »Wachwerden«. Lassen Sie sich aber Zeit mit dem »Aufwachen«. Achten Sie auf Ihren eigenen Rhythmus und kehren Sie in Ihr Wachbewusstsein erst allmählich wieder zurück, in einem Rhythmus, der Ihnen entspricht und Ihnen angenehm ist.

Wirkungsweise. Wenn Sie die Übung zur Muskelentspannung vier Wochen lang täglich üben, können Sie damit sogar einen besonderen »Entspannungsreflex« aufbauen. Falls sie den »Kurzdurchgang« wählen, gelingt es vielen Traumaopfern, sogar während der Arbeit für einige Minuten »wegzutauchen« und erfrischt an ihre Arbeit zurückzugehen. Fünf Minuten entspannter Trance-Zustand entsprechen etwa einer halben Stunde Schlaf. Ein anderer Effekt der Übung ist genauso wichtig.

Lernen Sie den freien Fall der Katze kennen! Denken Sie jetzt bitte zurück an die Katze, die sich auf die Landung vorbereitet. Ähnlich arbeitet unser Körper nach einem Trauma oft weiter. Er verhält sich, als müsste er sich immer noch auf das Schlimmste einstellen, um überleben zu können.

Auch sonst antworten wir mit Muskelspannung auf vergleichsweise geringe Anreize. Unwillkürlich ballen wir die Faust und spannen die Beinmuskeln an, wenn wir an etwas Ärgerliches denken. Persönlich nehmen wir das oft gar nicht wahr. Die Anspannung lässt sich jedoch über ein Messinstrument (Myograph) nachweisen. Mit der Übung Muskelentspannung lernen Sie den Spannungszustand Ihrer Muskulatur zu erfassen. Sie lernen die einzelnen Muskelgruppen »von innen heraus« genauer kennen. Immer deutlicher nehmen Sie wahr, wie die verschiedenen Muskelpartien Ihres Körpers sich in entspanntem und wie in angespanntem Zustand anfühlen, und können beides vergleichen. Je erfahrener Sie in der Übung werden, desto genauer nehmen Sie auch solche Spannungsänderungen in Ihrer Muskulatur wahr, die Sie vorher nicht bemerken konnten. Mit dieser neuen, verfeinerten Wahrnehmung können Sie jetzt manche Verspannung Ihres Körpers abbauen, Sie können aber auch innerlich Kontakt aufnehmen mit der Spannung, die in einzelnen Körperpartien besteht. So lernen Sie zugleich Ihre »unterbrochenen Handlungsansätze« kennen, die aus der traumatischen Erfahrung stammen.

Was bedeutet diese Anspannung in meinen Oberschenkeln? Bereitet sich mein Körper vielleicht schon auf die Flucht vor, während ich bis jetzt gar keine Angst verspürt hatte? Der Körper entspannt sich leichter, wenn er weiß, dass seine Befürchtungen und Sorgen in »der Zentrale« ankommen und dort ernst genommen werden.

Übung »Bewegung in Zeitlupe«

Wenn Sie sich nicht darüber im Klaren sind, was Ihre Empfindung in einer bestimmten Körperregion bedeutet, gibt es ein einfaches Hilfsmittel. Probieren Sie aus, welche Bewegung zu der Spannung, die Sie empfinden, passen würde, und führen Sie dann diese Bewegung in Zeitlupe durch. Ganz langsam, bis zu Ende. Während sie diese Bewegung ausführen, treten bei vielen Personen ganz automatisch Vorstellungsbilder hinzu, die zu der Bewegung passen. Aha, ich will also zurückschlagen, jemandem die Meinung sagen, weglaufen, mich ducken, mich zusammenkrümmen …

Den Kopf frei machen und den Traumafilm stoppen!

Wie ein Film mit »Rückblenden« ziehen die Erinnerungsbilder vom Trauma manchmal durch den Kopf. Diesen Film gilt es zu stoppen. Sie sollen wieder Herr über Ihren Entscheidungen werden und selbst auswählen, welchen Film Sie sich ansehen wollen.

Übung »Das Trauma wegpacken«

Lesen Sie bei jeder Übung die gesamte Beschreibung erst sorgfältig durch, bevor Sie die Übung ausprobieren. Machen Sie sich auch vertraut mit der Erklärung zur Wirkungsweise der Übung: Stichwort Wirkungsweise.

Setzen Sie sich möglichst entspannt hin und schließen Sie die Augen. Sie sehen jetzt innerlich den Bildschirm eines Fernsehgerätes vor sich und haben die Fernbedienung dazu in Ihrer Hand, mit der Sie das Programm wählen können, ganz wie Sie möchten. Damit können Sie das Gerät beispielsweise ein- oder ausschalten. Schalten Sie das Gerät nun ein. Der Bildschirm ist leer. Der Fernseher ist jedoch mit einem Videogerät verbunden, auf dem eine noch unbespielte Kassette mitläuft. Was auf dem Bildschirm erscheint, wird automatisch aufgenommen.

Denken Sie bitte an das belastende Erlebnis zurück, in einer ganz allgemeinen Form, ohne sich auf Einzelheiten einzulassen. Wahrscheinlich empfinden Sie jetzt wieder den Schmerz oder andere entsetzliche Gefühle, die mit dem Trauma verbunden sind.

Wenn diese Gefühle nun eine bestimmte Farbe hätten, welche Farbe wäre das? Wenn sie eine bestimmte Form hätten, wie sähe diese Form aus? Sie verleihen jetzt Ihrem Trauma-Schmerz Farbe und Form und verlagern dieses Bild auf Ihren Fernsehschirm. Betrachten Sie es dort für eine Weile.

Richten Sie nun Ihre Aufmerksamkeit auf den Rand des Bildes. Sie schauen jetzt nicht länger auf das Bild, sondern nur noch auf seinen Rand. Nach einiger Zeit können Sie beobachten, wie das Bild vom Rand her schrumpft, wie es kleiner wird und immer kleiner wird, bis es nur noch ein kleines Bildchen in der Mitte ist. Jetzt drücken Sie auf die Abschalttaste Ihrer Fernbedienung. Wenn Sie energisch drücken, können Sie beobachten, wie das Bildchen mit einem kleinen Geräusch verschwindet – zisch und plopp. Es ist aber auf der Videokassette aufgezeichnet worden.

Jetzt gehen Sie innerlich zum Videorecorder, drücken auf den Auswerfknopf, nehmen die Kassette heraus und verschließen sie in einem großen Safe. Der ist so groß, dass Sie hineingehen können. Drinnen befinden sich viele leere Regale. In eines davon stellen Sie die Kassette hinein, weit hinten. Verlassen Sie jetzt den Safe, ziehen die schwere Stahltür zu und achten auf das Geräusch, das entsteht, wenn die Tür ins Schloss fällt. Sie schließen energisch ab und verwahren den Schlüssel an einem sicheren Ort.

Wirkungsweise. Die Übung gelingt Menschen mit intensiver Vorstellungskraft meist besonders leicht. Nach einiger Eingewöhnung kommen aber auch viele »harte Verstandesmenschen« mit ihr zurecht. Wenn es Ihnen gelingt, die Übung durchzuführen, gewinnen Sie eine erste Distanz zu den manchmal überwältigenden Gefühlen, die das Trauma auslöst. Diese bekommen Farbe und Form (meist rot, schwarz und spitzig) und können »entsorgt« werden. Sie können die Übung so lange wiederholen, bis möglichst viel von dem schlimmen Gefühl verpackt ist. In den Regalen ist genügend Platz. Waren Sie vorher ein Opfer der überwältigenden Gefühle und Erinnerungen, so gewinnen Sie nun allmählich Ihre Kontrolle zurück. Viele finden so eine erste Distanz zu dem traumatischen Erlebnis.

Die folgende Übung hat sich vor allem für Personen bewährt, die den traumatischen Ereignisablauf selbst schon »wie einen Film« erlebt haben. Während des Geschehens, zum Beispiel bei einem Banküberfall, stellt sich plötzlich die Empfindung ein: Dies ist gar nicht Wirklichkeit, es ist nur ein Film. Ich befinde mich im Kino. Eine solche Vorstellung hat jedoch keinen spielerischen Charakter. Sie wird als zwingend, als wirklich erlebt. Manchmal besteht sie noch fort, auch wenn die Gefahr längst vorüber ist. Die folgende Übung können Sie auch dann versuchen, wenn Sie sich weiterhin »im Film« befinden sollten.

Übung »Den Traumafilm stoppen«

Lesen Sie bei jeder Übung die gesamte Beschreibung erst sorgfältig durch, bevor Sie die Übung ausprobieren. Machen Sie sich auch mit der Erklärung zur Wirkungsweise der Übung vertraut: Stichwort Wirkungsweise.

Setzen Sie sich möglichst entspannt hin und schließen Sie die Augen. Sie sehen jetzt innerlich den Bildschirm eines Fernsehgerätes vor sich und haben die Fernbedienung dazu in Ihrer Hand, mit der Sie das Programm wählen können, ganz wie Sie möchten. Damit können Sie das Gerät beispielsweise ein- oder ausschalten. Schalten Sie das Gerät nun ein. Der Bildschirm ist leer. Der Fernseher ist jedoch mit einem Videogerät verbunden, auf dem eine noch unbespielte Kassette mitläuft. Was auf dem Bildschirm erscheint, wird automatisch aufgenommen.

Für diese Übung ist es wichtig, dass Sie sich mit der Taste »Standbild« vertraut machen und sich überzeugen, dass diese gut funktioniert. Sie verlagern jetzt eine Szene aus Ihrem »Traumafilm« auf den Bildschirm. Wählen Sie eine Szene aus, am besten mit größerem Abstand zum eigentlichen Vorfall, auf jeden Fall eine, die Ihnen keine überwältigenden Ängste bereitet. Lassen Sie die Szene nur ganz kurz auf dem Bildschirm anlaufen und drücken Sie dann sofort energisch die »Standbild«-Taste. Betrachten Sie das Standbild nur so lange, wie Ihre Gefühle dabei noch gut erträglich bleiben. Sollte Ihnen das Bild zu viel Angst machen, gehen Sie sofort zu dem im nächsten Absatz beschriebenen Schritt über. Sonst lassen Sie es einige Zeit stehen, und zwar so lange, bis Sie sich einigermaßen daran gewöhnt haben.

Richten Sie nun Ihre Aufmerksamkeit auf den Rand des Bildes. Sie schauen jetzt nicht länger auf das Bild, sondern nur noch auf seinen Rand. Nach einiger Zeit können Sie beobachten, wie das Bild vom Rand her schrumpft, wie es kleiner und immer kleiner wird, bis es nur noch ein kleines Bildchen in der Mitte ist. Jetzt drücken Sie auf die Abschalttaste Ihrer Fernbedienung. Wenn Sie energisch drücken, können Sie beobachten, wie das Bildchen mit einem kleinen Geräusch verschwindet – zisch und plopp. Es ist aber auf der Videokassette aufgezeichnet worden.

Jetzt gehen Sie innerlich zum Videorecorder, drücken auf den Auswerfknopf, nehmen die Kassette heraus und verschließen sie in einem großen, sicheren Safe. Der ist so groß, dass Sie hineingehen können. Drinnen befinden sich viele leere Regale. In eines davon stellen Sie die Kassette hinein, weit hinten. Verlassen Sie jetzt den Safe, ziehen die schwere Stahltür zu und achten Sie auf das Geräusch, das entsteht, wenn die Tür ins Schloss fällt. Sie schließen energisch ab und verwahren den Schlüssel an einem sicheren Ort.

Wählen Sie danach weitere »Standbilder« aus Ihrem Traumafilm und verfahren Sie damit in der gleichen Weise. Wählen Sie dabei Bilder, die Sie nicht allzu sehr beunruhigen. Wählen Sie keine Bilder direkt vom Katastrophengeschehen, sondern allenfalls Bilder von der Zeit davor oder danach. Besonders geeignet sind wichtige Handlungen im Alltag, die Ihnen infolge des Traumas Ängste bereiten, wie zum Beispiel an Ihren Arbeitsplatz zurückzukehren, wenn dort das Ereignis stattfand, bestimmte Wege zu gehen oder ein Fahrzeug zu benutzen. Nähern Sie sich schrittweise zum Beispiel Ihrem Auto und stoppen Sie den Film in kleineren Zeitabschnitten. Gewöhnen Sie sich an das Standbild und nähern Sie sich dann weiter an.

Wirkungsweise. Die »Standbildtechnik« kann auch von Personen verwendet werden, die keinen eigenen »Traumafilm« entwickelt haben. Sie hat sich aber besonders bewährt, wenn die schockierende Situation ohnehin schon »entwirklicht«, wie ein Film erlebt wurde. Sie zerlegen mit dieser Übung den Film in einzelne Abschnitte und können diese dann nach und nach »entsorgen«. So gewöhnen Sie sich an manche Erinnerungen oder bedrohlich erscheinende Situationen, wenn Sie nämlich das Standbild noch so lange anschauen, wie es erträglich bleibt. Andererseits bestimmen Sie zunehmend sicher, welchen Raum die Erinnerung einnehmen soll und wo damit Schluss sein soll.

Wenn sich negative Bilder aufdrängen, uns überschwemmen und quälen, kann es entscheidend sein, irgendwo einen Ort zu haben, an den wir uns innerlich zurückziehen können und wo wir uns wohl und sicher fühlen. Diesen Abstand zum Trauma erreichen wir durch die

Übung »Sicherer Ort«

Lesen Sie bei jeder Übung die gesamte Beschreibung erst sorgfältig durch, bevor Sie die Übung ausprobieren. Machen Sie sich auch vertraut mit der Erklärung zur Wirkungsweise der Übung: Stichwort Wirkungsweise.

Setzen Sie sich bequem und möglichst entspannt auf einen Stuhl oder legen Sie sich bequem auf Ihr Bett. Wenn es Ihnen hilft, sich zu beruhigen, machen Sie eine Atem- oder auch Entspannungsübung.

Stellen Sie sich jetzt in Ihrer Fantasie einen Ort vor, an dem Sie sich vollkommen sicher und wohl fühlen. Dort gibt es keine Menschen außer Ihnen. Niemand sonst hat Zutritt. Versetzen Sie sich innerlich an diesen Ort. Spüren Sie die Luft, die sich dort bewegt, nehmen Sie die Gerüche wahr, freuen Sie sich an den Farben und genießen Sie einen angenehmen Geschmack. Geben Sie Ihrer Freude über den angenehmen Ort durch ein Lächeln Ausdruck.

Wenn Sie an Ihrem sicheren Ort angekommen sind, können Sie diesen noch weiter ausgestalten. Sie können ihn noch besser gegen störende Einflüsse absichern. Sie können eine Höhle bauen, ein Haus oder auch die Landschaft verändern, bis alles optimal schön und sicher ist. Auch das Wetter können Sie bestimmen. Verbleiben Sie nun, so lange Sie möchten und es Ihnen angenehm ist, an Ihrem sicheren Ort. Erst wenn Sie sich lange genug erfrischt und ausgeruht haben, geben Sie sich das Zeichen zum »Aufwachen«. Lassen Sie sich aber auch jetzt noch Zeit damit. Achten Sie auf Ihren eigenen Rhythmus und kehren Sie erst langsam wieder in Ihr Wachbewusstsein zurück, in einem Rhythmus, der Ihnen entspricht und angenehm ist.

Wirkungsweise. Manche Menschen müssen erst einige innere Hemmungen abbauen, um sich auf die Fantasiereise zu begeben. Die wichtigste Hemmung ist unser Realitätssinn. Wir sind gewohnt, als Erwachsene nur noch Realitäten wahrzunehmen oder vorzufinden. Sie aber in der Fantasie sich auszudenken und sie auszugestalten, haben wir oft schon seit unserer Kindheit verlernt. Machen Sie nun einfach wieder Gebrauch von dieser kindlichen

Fantasiekraft. Sie hat Ihnen früher geholfen, die Wirklichkeit zu ertragen. Rufen Sie sie zurück. Wenn das gelingt, gewinnen viele aus dieser Übung einen Abstand auch zu den äußerst unangenehmen Erlebnissen und Erinnerungen aus dem Trauma. Drängen die Erinnerungen wieder an Sie heran, buchen Sie einfach Ihre Fantasiereise und schwirren Sie ab.

Manche Menschen können sehr gut mit Bildern arbeiten, andere mehr mit Zahlen oder Worten. So gut wie alle Personen, die ein Trauma erlitten haben, versuchen sich abzulenken. Sie wollen nicht ständig an die traumatischen Ereignisse erinnert werden. Viele versuchen, »einfach nicht mehr daran zu denken«. Aber gelingt das auch?

Probieren Sie einmal eine kleine Gedankenübung. Stellen Sie sich einen großen roten Bären vor. Malen Sie sich sein Bild in Gedanken aus. Jetzt geben Sie sich die Instruktion, nicht mehr an den roten Bären zu denken. ... Woran haben Sie gedacht? An den roten Bären!

Wer sich vornimmt, an etwas Bestimmtes nicht zu denken, muss garantiert daran denken.

Jetzt probieren wir einen anderen Weg, nämlich uns aktiv abzulenken mit der

Übung »Ablenkung durch Rechnen«

Denken Sie zunächst an irgendein unangenehmes Erlebnis, das Sie in einem mittleren Grad belastet. Denken Sie daran und malen Sie es sich in Ihrer Vorstellung aus. Versuchen Sie, weiter daran zu denken, führen jetzt aber bitte die folgende Rechenaufgabe in einzelnen Schritten durch. Wie viel ist 10 000 minus 13? Ziehen Sie von dem Ergebnis wieder 13 ab, vom Ergebnis wieder 13, davon wieder 13 und davon noch einmal 13, und davon noch einmal 13, und davon noch einmal 13, und davon noch einmal 13, und davon noch einmal 13. Wenn Sie richtig gerechnet haben, müssten Sie bei der Zahl 9883 angekommen sein. Falls Sie in den angegebenen Schritten gerechnet haben, dürften Sie zumindest für die Zeit des Rechnens Ihr negatives Erlebnis vergessen haben. Das Rechnen hat es buchstäblich »verdrängt«. Das unangenehme Erlebnis hatte keinen Platz mehr im Bewusstsein. Denn unser Bewusstsein ist »eng« und besitzt nur eine begrenzte Kapazität für Informationsverarbeitung.

Die Übung Ablenkung durch Rechnen hat ihr Ziel vermutlich schon besser erreicht als der rote Bär, an den wir nicht denken wollten. Wir können aber nicht ständig rechnen, um uns abzulenken und zu beruhigen. Ab einem bestimmten Punkt könnte dies zu einem Zwang ausarten und dann selbst wieder beunruhigend werden, zum andern dient Rechnen nicht der Entspannung. »Schäfchen zählen« war früher ein verbreitetes Mittel um einzuschlafen. Bei Kindern soll es manchmal wirken. Die Schäfchen verdrängen aber, zumindest bei Erwachsenen, nicht die unangenehmen Gedanken. Reihen Sie sich unter die Schäfchen wieder ein. Oder ein schwarzes Schäfchen beschwört die schlimmen Erinnerungen doch wieder herauf. Wie bringen wir es fertig, einfach »an nichts« zu denken?

Übung »Sinnlosigkeit«

Die »Sinnlosigkeitsübung« ist für viele Betroffene hier ein gangbarer Weg. Sie wurde ursprünglich im Zen-Buddhismus entwickelt. Wir versuchen hier, nicht direkt »an nichts« zu denken, sondern aktiv an etwas, das jedoch an nichts erinnert. Dazu wählen wir ein sinnloses Wort. Es sollte dreisilbig sein, damit es einen einprägsamen Rhythmus bekommt. Durch Vertauschen von Konsonanten lässt sich der Sinn aus einem bekannten Wort vertreiben. Schlagen Sie ein Lexikon auf, vielleicht in einer anderen Sprache. Tulipano bedeutet im Italienischen Tulpe. Nehmen wir die letzte Silbe weg, dann bleibt das dreisilbige und klangvolle Wort tulipa übrig. Durch vertauschen von Konsonanten können wir daraus mulina machen oder sunipa, und schon haben wir gleich mehrere sinnlos erscheinende Wörter. Basteln Sie sich Ihr eigenes sinnloses Wort zusammen, am besten so, dass Sie es angenehm und klangvoll empfinden. Prüfen Sie aber, dass es wirklich sinnlos ist und Sie an nichts anderes erinnert.

Führen Sie nun diejenige Atem- oder Entspannungsübung durch, mit der Sie bislang die besten Erfahrungen gemacht haben, und sprechen Sie während der gesamten Übung Ihr sinnloses Wort aus. Atmen Sie auf die erste Silbe ein und auf die beiden folgenden Silben aus. Schwingen Sie Ihren Atemrhythmus auf das Wort ein und passen Sie Ihr inneres Sprechen dem Atemrhythmus an. So können Sie die schwierige Aufgabe lösen, aktiv an nichts zu denken. Sie »verdrängen« Ihre negativen Gedanken, ohne sich auf neue Gedanken einzulassen.

Wirkungsweise. Die Übung »Sinnlosigkeit« kann eine sehr durchgreifende Methode sein, um den »Gedankenterror« zu unterbinden, dem viele Traumaopfer ausgesetzt sind. Aktiv an nichts zu denken verdrängt einerseits die negativen Gedanken, versperrt aber auch die Seitenwege, auf denen sich die schlimmen Gedanken sonst gleichsam über die Hintertreppe wieder einschleichen. Die Übung kann zu einer hohen Kunst entwickelt werden. Was meldet sich, wenn die Gedanken unterbrochen werden? Wenn wir unser »Gehirn abschalten«, spüren wir den Kontakt zu unserem Körper wieder intensiver. Und genau dieses »Geerdetsein« im eigenen Körper wirkt beruhigend und entspannend. Daher eignet sich die Sinnlosigkeitsübung auch gut als Hilfe zum Einschlafen.

Den seelischen Heilkräften, die wir in uns haben, können wir nicht einfach befehlen. Wir können aber den Kontakt zu ihnen suchen und vieles tun, sie zu unterstützen und zu ermutigen, oft eher auf indirekte Weise. Die folgende Übung kann uns helfen, diesen Kontakt über heilende Vorstellungsbilder herzustellen.

Lichtstrom-Übung

Lesen Sie bei jeder Übung[3] die gesamte Beschreibung erst sorgfältig durch, bevor Sie die Übung ausprobieren. Machen Sie sich auch mit der Erklärung zur Wirkungsweise der Übung vertraut: Stichwort Wirkungsweise.

Setzen Sie sich bequem und möglichst entspannt auf einen Stuhl oder legen Sie sich auf eine bequeme Unterlage. Stellen Sie sich innerlich eine Farbe vor, die Sie mit Heilung verbinden bzw. die für Sie in besonderer Weise Heilung bedeutet. Von dieser Farbe sind in der Sie umgebenden Luft und sogar im Weltall unbegrenzte Vorräte vorhanden. Sie können die Farbe in Ihr Zimmer hineinströmen lassen, auch in Ihren Körper hinein und durch ihn hindurch. Auf schmerzende Stellen Ihres Körpers und Ihrer Seele legt sich die heilsame Farbe wie ein Pflaster und hüllt sie ein wie ein leichter, angenehmer Verband. Die Heilfarbe dringt in das schmerzende Gewebe und durchdringt es allmählich mit ihrer Heilkraft.

Lassen Sie die Farbe so lange strömen, wie Sie es brauchen, um sich freier und lebendiger zu fühlen. Geben Sie sich erst dann das Signal »Aufwachen«. Lassen Sie sich aber Zeit mit dem »Wachwerden«. Achten Sie auf Ihren eigenen Rhythmus und kehren Sie erst allmählich wieder in Ihr Wachbewusstsein zurück, in einem Rhythmus, wie er Ihnen entspricht und Ihnen angenehm ist.

Wirkungsweise. Die Übung wirkt am besten, wenn die Farbe ganz persönlich ausgesucht wurde und Ihnen optimal entspricht. Experimentieren Sie ruhig mit verschiedenen heilsamen Farben, bis Sie Ihre wirksamste Farbe gefunden haben. Sie können mit einer solchen Übung einen Zugang bekommen zu dem großen Reservoir an natürlicher Heilkraft, das in uns allen vorhanden ist. Wenn Ihnen Medikamente verschrieben werden, erkundigen Sie sich bei Ihrem Arzt über deren Wirkungsweise. Beziehen Sie die Medikamente dann in die Lichtstrom-Technik ein und unterstützen Sie deren besondere Wirkungsweise durch die heilende Farbe. Das Arzneimittel kann zum Beispiel die heilende Farbe in die Wunde hineintransportieren und helfen, sie zu reinigen und zu durchdringen. Mit dieser Übung können Sie den so genannten »Placebo-Effekt« eines Medikaments unterstützen.

Auch bei Schmerzen hilft vielen Betroffenen die Lichtstrom-Übung, wenn sie sich ausmalen, wie der Lichtstrom die Schmerzen erfasst und sie wegspült. Diese Wirkung können sie noch weiter unterstützen durch die

Übung »Schmerzwaage«

Lesen Sie bei jeder Übung die gesamte Beschreibung erst sorgfältig durch, bevor Sie die Übung ausprobieren. Machen Sie sich auch vertraut mit der Erklärung zur Wirkungsweise der Übung: Stichwort Wirkungsweise.

Setzen Sie sich bequem hin oder legen sich auf Ihr Bett. Wenn Sie verletzt oder sonst krank sind und im Bett liegen müssen, versuchen Sie die Stellung zu finden, in der die Schmerzen noch vergleichsweise erträglich sind. Versuchen Sie, sich zu entspannen, und stellen Sie sich innerlich eine altmodische Waage vor, aus Metall mit einem großen, beweglichen Zeiger. Malen Sie sich die Waage so aus, dass sie Ihrem Geschmack vollkommen entspricht. Der Zeiger bewegt sich auf einer Gewichtsskala von 0 bis 1000 Gramm. In der einen Waagschale ist nun der Schmerz gelagert. Dieser drückt mit seinem Gewicht die »Schmerzschale« so stark herunter, dass der Zeiger genau das Ausmaß von Schmerzen anzeigt, das Sie gegenwärtig empfinden, also z. B. 400 Gramm.

Durch Belastung der anderen Waagschale kann nun der »Schmerzdruck« so weit ausgeglichen werden, dass der Zeiger auf 0 zurückgeht. Dazu steht Ihnen eine Anzahl von Gewichten zur Verfügung, jeweils 10 Gramm, 50 Gramm, 100 Gramm, die Sie in die Entlastungsschale legen können. Wenn Sie kleine Gewichte wählen, gehen Sie in kleinen Schritten vor und mildern den Schmerzdruck immer um einige Grade.

Lassen Sie die Gewichte zunächst beiseite und drücken Sie auf die Waage mit Ihrer bevorzugten Hand, Linkshänder also mit der linken und Rechtshänder mit der rechten Hand. Wenn Sie verletzt sind oder behindert, nehmen Sie den Körperteil, mit dem Sie vergleichsweise am besten handeln oder sich verständlich machen können: ein Bein, eine Drehung des Kopfes, der Augen oder Ihren Mund und die Zähne. Drücken Sie jetzt bitte die Schmerzwaage ganz langsam herunter, beobachten Sie den Zeiger und drücken Sie so lange, bis der Zeiger entweder auf 0 steht oder bis er zumindest deutlich gegen 0 geht.

Wenn sie jetzt auf ihre körperlichen Schmerzen achten, können viele Personen feststellen, dass auch der Schmerz im gleichen Maße abnimmt, wie die »Schmerzschale« steigt und der Zeiger sich der 0 nähert. Meist bedarf es dazu wiederholter Übungen. Finden Sie heraus, ob Ihre Schmerzwaage besser in kleinen oder in größeren Schritten funktioniert. Wenn Sie nicht die 0 erreichen, ist schon viel gewonnen, wenn Sie eine zeitweilige Abnahme der Schmerzen erzielen, um 10 Gramm, 50 oder sogar um 100 Gramm. Falls Sie ein Schmerzmittel einnehmen, legen Sie es einfach mit in die Waagschale und beobachten Sie, wie stark das Schmerzgewicht nach Einnahme der Medikamente absinkt. Natürlich können Sie auch Ihre seelischen Schmerzen auf die Schmerzwaage legen und beobachten, wie diese abnehmen, wenn Ihnen zum Beispiel ein Beruhigungsmittel verschrieben wurde. Sie können die schmerzstillende Wirkung der Waage vorübergehend durch Medikamente unterstützen. Idealerweise werden Sie deren Wirkung schrittweise durch Ihre eigene Kraft und Energie ersetzen können und nach einiger Zeit keine Mittel mehr benötigen.

Wenn Sie Ihr »Zielgewicht« auf der Schmerzwaage erreicht haben, ersetzen Sie den Druck Ihrer Hand durch die vorhandenen Gewichte. Sie legen also ebenso viele 10/50/100-Gramm-Gewichte in die Waagschale, wie es Ihrem Gegendruck zu den Schmerzen entspricht. Dann können Sie sich von der Waage zurückziehen. Der Zeiger wird jetzt von den Gewichten dort gehalten, wo Sie ihn zunächst durch Ihre eigene Kraftanstrengung hingebracht haben. Die Gewichte sind aus massivem Gusseisen. Sie verändern sich nicht und halten die Waage auf dem erreichten Stand. Prägen Sie sich das Bild der Waage jetzt gut ein. Versuchen Sie sich zu entspannen. Wenn es Ihnen möglich ist, schlafen Sie ein mit dem Bild der Waage vor Ihrem inneren Auge.

Wirkungsweise. Schmerz gehört nach allgemeiner Auffassung zu den Empfindungen, die wir am wenigsten willkürlich beeinflussen können. Unser Körper verfügt aber über eigene schmerzstillende Mittel, die uns weniger empfindlich oder sogar unempfindlich gegen Schmerzen machen können. Diese können wir mit Übungen, wie der Schmerzwaage, mobilisieren, indem wir zunächst mit einer Aktivität beginnen, die wir willkürlich beeinflussen können (zum Beispiel Druck auf die Waagschale mit dem rechten Arm), und uns dann allmählich über die Welt der Bilder und unsere »rechte Gehirnhälfte« (siehe weiter unten) an den großen Vorrat unserer natürlichen Hilfsmittel heranarbeiten. Sie können auch Lichtstrom-Übung und Schmerzwaage miteinander verbinden. Die Waage mildert die Schmerzen, die heilende Farbe mobilisiert Ihre Heilkräfte. Auch die Übung »sicherer Ort« kann zusammen mit der Schmerzwaage die natürlichen Schmerzmittel unseres Körpers mobilisieren, sie im Körper verbreiten und gezielt dorthin transportieren, wo sie am dringendsten benötigt werden.

 Unser Tipp
bei Verletzung und Behinderung:

Nutzen Sie für unsere Übungen in Ihrer Vorstellungskraft alle Handlungs- und Ausdrucksmittel, die Ihnen gegenwärtig wirklich zur Verfügung stehen. Wenn Sie Ihre Hände nicht verwenden können, können Sie mit einem Fuß oder mit einer Kopfbewegung die »Schmerzwaage« beeinflussen oder Entspannungsübungen und andere Übungen durchführen. Fantasieren Sie sich dabei nicht Ihre Verletzung oder Behinderung fort. Bauen Sie das, was Ihnen an aktiven Ausdrucksmitteln gegenwärtig zur Verfügung steht, gezielt in Ihre Vorstellungsübungen ein. Sie fördern so die notwendige Einstellung Ihres Körpers auf Ihre gegenwärtige Situation.

Kommentar. Aus der Gehirnforschung ist die so genannte »Plastizität« unseres Gehirns und unseres Nervensystems bei Verletzung und Ausfall bestimmter Strukturen bekannt. Andere Strukturen können die Funktion eines ausgefallenen Hirnzentrums übernehmen und den Verlust bis zu einem erheblichen Grad ausgleichen. Ähnlich funktioniert auch unser Seelenleben. Wer seine rechte Hand nicht mehr gebrauchen kann, ist bald mit der linken Hand oder mit den Füßen fast genauso geschickt. Blinde schärfen ersatzweise ihr Gehör so sehr, dass sie sich sicher und gewandt im Raum bewegen können. Sie können Ihrerseits diese Neuorientierung unterstützen, indem Sie bei einer Erkrankung oder Verletzung die handlungs- und ausdrucksfähigen Glieder

Ihres Körpers begrüßen und sie ausdrücklich damit »beauftragen«, eine ausgefallene Funktion zu übernehmen. Etwa: »Du, meine linke Hand, sollst alles übernehmen, was vorher die rechte erledigt hat. Du bist nun ihr Nachfolger.« Wandeln Sie diese Formulierung so lange ab, bis sie Ihnen optimal entspricht.

Unsere natürliche Heilkraft kommt besonders deutlich auch in allen Maßnahmen zu unserem Selbstschutz zum Ausdruck, die wir spontan entwickeln. Sie wollen wir nun genauer kennen lernen, um sie weiter zu stärken und auszubauen.

Unsere Selbstschutzmaßnahmen kennen lernen und unterstützen

Weshalb kann sich der eine besser beruhigen, indem er sich ablenkt? Der andere, indem er sich in Ruhe zurückzieht? Der Dritte, indem er sich in die Arbeit stürzt, oder der Vierte vielleicht durch neue Aufregung?

Schon lange vor einem Trauma, seit unserer Kindheit haben wir gelernt, mit beunruhigenden Erlebnissen umzugehen, uns Mut zuzusprechen, uns zu trösten, zu beruhigen und uns wieder zu erholen. Manches daran haben wir von unseren Eltern übernommen, anderes haben wir selbst »erfunden«. Auf diese bewährten Selbstschutzmaßnahmen greifen wir in der extremen Notlage zurück, in die uns ein Trauma versetzt.

Wahrscheinlich haben Sie festgestellt, dass Sie mit einigen unserer Übungen und Tipps mehr anfangen konnten als mit anderen. Dies waren vermutlich solche, die an Ihre schon vorhandenen Fähigkeiten und Gewohnheiten anknüpfen. Wie sollte es auch anders sein? In der Not greifen wir auf das zurück, was wir besitzen und was sich in der Vergangenheit bewährt hat. Dabei werden die Selbstschutzmaßnahmen nur zum geringeren Teil mit vollem Bewusstsein ausgeführt. Weil sie für unser körperliches und seelisches Überleben so wichtig sind, werden sie über neuronale Programme geregelt, die in Reflex- und Instinktmuster eingebunden sind. Solche Programme näher kennen zu lernen gibt uns die

Chance, unsere spontanen Bewältigungsversuche noch weiter zu verfeinern und ihre Arbeit gezielt zu unterstützen.

- Wie versuche ich, das Trauma zu verarbeiten?

Untersuchungen an der Universität Köln haben ergeben, dass für die Verarbeitung von Traumata drei Fragen von zentraler Bedeutung sind, auf die jeder Betroffene spontan eine eigene Antwort entwickelt. Diese Fragen lauten:

1. Wie kam das Unglück zu Stande? (Ursachentheorie)
2. Was kann ich tun, damit es in Zukunft nicht wieder geschieht? (Vorbeugungstheorie)
3. Was muss ich tun, um meine seelischen (und körperlichen) Verletzungen zu heilen und um möglichst wieder vollständig gesund zu werden? (Spontane Heilungstheorie)

Natürlich stellen wir uns diese Fragen auch bewusst. Aber hier geben wir oft nur eine Teilantwort. Die Entscheidungen fallen nicht selten auf der seelischen »Tiefenebene«, auf der unsere Selbstschutzmechanismen und Instinktreaktionen angesiedelt sind. Zum Beispiel bei der Vorbeugungstheorie, wie das folgende Beispiel deutlich machen kann.

Bericht. Ein Mann in mittlerem Alter, der einen schweren Autounfall nur knapp, mit vergleichsweise geringen Verletzungen, überlebt hatte, konnte sich, nachdem er in Sicherheit war, an das Unfallgeschehen nur noch bruchstückhaft erinnern. Er entwickelte in der Folgezeit eine unüberwindliche Angst, mit dem Auto zu fahren. Diese dehnte sich allmählich auf alle Verkehrsmittel aus. Schließlich konnte er auch die Straße nicht mehr überqueren, und es wurde immer schwieriger für ihn, das Haus zu verlassen. In der Therapie zeigte sich, dass er eine extreme Vorbeugungstheorie entwickelt hatte, die schrittweise deutlich wurde. Da er die näheren Umstände des Unfalls nicht mehr erinnern konnte – sie unterlagen in der Fachsprache ausgedrückt einer »Amnesie« (= Erinnerungslücke), wie bei etwa einem Viertel der

Opfer von Verkehrsunfällen –, musste er sich in seiner persönlichen Vorbeugungsgstheorie gegen die Wiederkehr einer Gefährdungssituation schützen, über deren Einzelheiten und genauen Verlauf er keine persönliche Information mehr hatte. Zwar hatte man ihn über die Umstände des Unfalls unterrichtet, soweit sie sich im Nachhinein ermitteln ließen, aber diese Informationen waren im Kern seiner instinktiven Schutzmechanismen nicht »angekommen«. Sie waren gewissermaßen »aus zweiter Hand«. In seiner tiefer liegenden, eher unbewussten Weltauffassung musste er sich weiterhin gegen eine unbekannte Gefahr verteidigen, die zwar irgendwie mit dem Straßenverkehr zusammenhing, aber so unbestimmt blieb, dass sie von überall her, unvorhersehbar wieder hereinbrechen konnte. Das Verhalten dieses Betroffenen, sich immer weiter zurückzuziehen, war also von seiner eher unbewussten Vorbeugungstheorie her gesehen konsequent.

Auch hier liegt, wie schon bei den Traumasymptomen (S. 20 f.) gezeigt, eine im Kern vernünftige Antwort auf das Trauma vor, die allerdings in ihrer Übersteigerung zu unerwünschten Konsequenzen führt. Auch wenn es auf den ersten Blick widersinnig erscheinen mag, sich nach einem Verkehrsunfall nur noch ins eigene Haus zurückzuziehen, sollten wir nicht die Achseln zucken und das einfach als unsinnig oder »irrational« abtun. Aus der Sicht des verängstigten »Tieres in uns« hat dieses Verhalten einen vernünftigen Kern. Wie schütze ich mich gegen eine Gefahr, die ich nicht genau kenne, von der ich aber weiß, dass sie »irgendwie« mit dem Straßenverkehr zu tun hat? Ist es da nicht sogar klug, Straßen zu vermeiden und zu Hause zu bleiben?

Das *Prinzip der Normalität* aus der Psychotraumatologie kann uns helfen, den vernünftigen Kern in unserer Reaktion auf das Trauma zu erkennen. Können wir dieses vernünftige Ziel positiv aufgreifen und angemessene Mittel einsetzen, um es zu erreichen, dann unterstützen wir den natürlichen Selbstheilungsprozess und setzen den Strom der Selbstheilung wieder frei, wenn er sich an bestimmten Stellen »festgefahren« haben sollte. Im Folgenden geben wir einige Anregungen, wie Sie Ihre persönlichen Selbstschutztheorien kennen lernen und unterstützen können.

Übungsvorschlag: Kennen lernen meiner Selbstschutzmaßnahmen

Achtung! Gefährdungshinweis! Bitte achten Sie unbedingt darauf, dass Sie sich in einem relativ entspannten Gefühlszustand befinden, wenn Sie diese Übung machen. Wichtig ist auch, dass Sie schon eine gewisse Distanz zu den traumatischen Geschehnissen gefunden haben. Falls Sie von Gedanken an das Trauma und automatischen Erinnerungen noch sehr geplagt werden, üben Sie Entspannung und Distanzierung, bevor Sie mit dieser Übung beginnen. Brechen Sie die Übung ab, falls Sie zu stark in die Erinnerungen an das schreckliche Geschehen hineingeraten und die Panikgefühle wieder aufleben. Üben Sie dann weiter Distanzierung und Entspannung. Erst wenn Sie in der Lage sind, automatisch ablaufende Erinnerungsketten zu unterbrechen, kehren Sie zu dieser Übung zurück. Aber auch dann vermeiden Sie unbedingt, sich in das Geschehen inhaltlich zu vertiefen.

 Unser Tipp:
Ihr Trauma-Tagebuch, die »Ablage« für Ihre Erinnerungen

Wenn Sie im Folgenden versuchen, Ihre »ganzheitliche« Antwort auf die drei auf S. 63 genannten Fragen herauszufinden, sollten Sie Ihre Einfälle auf einem Blatt Papier notieren, um sich eine genaue Übersicht zu verschaffen. Noch besser legen Sie sich ein kleines Tagebuch an, in dem Sie speziell Ihre Traumaerfahrungen aufzeichnen können. Auch sonst benutzen viele Menschen ein Tagebuch, um sich von starken Erlebnissen zu distanzieren.

Im Tagebuch legen Sie Ihre Gedanken ab. Wenn Sie das Buch an einem sicheren Ort verschließen, sind Sie die Gedanken und Erinnerungen erst einmal los. Machen Sie den Gang zu jenem Ort, wo Sie Ihr Tagebuch aufbewahren, zu einem Ritual. Schließen Sie die Tür mit einem deutlich hörbaren Laut und drehen Sie energisch den Schlüssel um. In Abwandlung eines Goethe-Zitats könnte man sagen: »Was man schwarz auf weiß besitzt, kann man getrost vergessen!« Zumindest vorübergehend, bis Sie sich stark genug fühlen, sich mit dem Geschehen genauer auseinander zu setzen.

Bitte bedenken Sie! Verwenden Sie nicht Ihr persönliches Notizbuch oder Ihr »Superbuch« (s. S. 40 f.). Sonst besteht die Gefahr, dass Sie bei alltäglichen Aufgaben versehentlich in Ihr Trauma-Tagebuch hineinschauen und dann von Erinnerungen überflutet werden. Das Trauma-Tagebuch dient als »Ablage« für Ihr Traumaerleben. Daher müssen Sie es wegschließen können, wenn Sie an die Vorfälle nicht erinnert werden wollen. Ihr Notizbuch können Sie nicht einfach wegschließen.

Wenn Sie nun die drei Fragen in Ihrem Trauma-Tagebuch beantworten, versuchen Sie, Ihre Antwort durch ein Bild oder Symbol zu veranschaulichen, das Ihr persönliches Empfinden möglichst treffend zum Ausdruck bringt.

- *Ursachenfrage*: Wer oder was hat das Ereignis bzw. Geschehen verursacht? Wer hat was zu verantworten? Wie hätte das Unglück abgewendet werden können? (Ihr persönliches Bild oder Symbol).
- *Vorbeugungsfrage*: Wie lässt sich eine Wiederholung dieses Ereignisses oder ähnlicher Vorfälle in Zukunft verhindern? Was kann ich dazu tun? Was können andere dazu tun? Wie verhalte ich mich, mehr instinktiv, um eine Wiederholung zu verhindern? (Ihr persönliches Bild oder Symbol).
- *Heilungsfrage*: Was muss geschehen, damit ich von der seelischen Erschütterung geheilt werde und wieder ein normales Leben führen kann? Was *kann* dazu geschehen? (Ihr persönliches Bild oder Symbol).

Beantworten Sie diese Fragen möglichst spontan. Achten Sie dabei auf Ihre Gefühle und auf »Mitteilungen« Ihres Körpers (Anspannung, Zittern usw.). Schreiben Sie Ihre Einfälle und auch Ihre »Körperempfindungen« sorgfältig auf, bevor Sie weiterlesen. In den folgenden Abschnitten finden Sie Anregungen, um Ihre Selbstschutzmaßnahmen genauer kennen zu lernen und um sie wirksamer zu gestalten.

Wer oder was ist verantwortlich?

Wer oder was hat das Ereignis bzw. Geschehen verursacht? Wer hat was zu verantworten? Wie hätte das Unglück abgewendet werden können?

Ihre Anwort wird natürlich sehr unterschiedlich ausgefallen sein, wenn eine Naturkatastrophe vorliegt, ein von Menschen unabsichtlich verursachter Schaden oder aber ein absichtsvoller Schaden, wie bei einem Gewaltverbrechen oder bei Misshandlung und Missbrauch. Wenn absichtsvolle menschliche Bosheit im Spiel ist, ruft dies normalerweise starke Wutgefühle hervor und Abscheu oder auch Erstarren und Sprachlosigkeit. Viele Opfer von Gewaltverbrechen versuchen aber auch, den Täter zu verstehen.

> Info:
> Untersuchungen haben ergeben, dass nur ein sehr geringer Anteil unter den Opfern von Gewaltverbrechen Rachebedüfnisse gegenüber dem Täter haben. Nur relativ wenige fordern, dass der Täter einfach nur bestraft wird. Die meisten wollen, dass er sein Unrecht einsieht und keine weiteren Straftaten mehr begeht.

Auch wenn bei den meisten Gewaltopfern auf die Dauer der Wunsch nach Hilfe für den Täter überwiegt, so ist es doch völlig natürlich, dass die Opfer zunächst heftige Wut gegen den Täter empfinden, auch Hass und Abscheu. Sie wünschen, dass der Täter überführt und bestraft wird. Rachefantasien, manchmal auch grausamer Art, sind ebenfalls eine völlig normale Reaktion auf den Schaden, den wir erlitten haben, und das Unrecht, das uns widerfuhr.

Um das Trauma zu überwinden, sollten wir unsere Aufmerksamkeit jedoch in erster Linie auf uns selbst richten. Dem Opfer sollte Fürsorge und jede nur mögliche Unterstützung zuteil werden, damit es seine körperliche und seelische Verfassung möglichst so wiederherstellen kann wie vor der Tat oder der Katastrophe.

Natürlich ist und bleibt der Täter objektiv gesehen eine Schlüsselfigur bei von Menschen verursachten Schäden. Wenn Sie jedoch dazu neigen, ihn positiv oder negativ so sehr in den Mittelpunkt zu stellen, dass Ihre Fürsorge für sich selbst darunter leidet und sich alle Gedanken um den Täter drehen, kann eine richtig verstandene *Verachtung* für den Täter hier möglicherweise weiterhelfen. Ist der Täter es wirklich wert, dass Sie sich so viele Gedanken um ihn machen? Hat er nicht eher verdient, dass man ihn verachtet und sich um wichtigere Dinge kümmert, z. B. um sich selbst und die eigene Genesung?

- **Schlagen Sie dem Täter ein Schnippchen! Lassen Sie nicht zu, dass er Sie dauerhaft besetzt und einen festen Platz in Ihrem Leben einnimmt.**

Selbstverständlich sollten Sie alles tun, was zur Ergreifung und Bestrafung des Täters beitragen könnte. Im Übrigen aber sollte dieser ungebetene und unerfreuliche Gast möglichst rasch und spurlos wieder aus Ihrem Leben verschwinden.

Manche Täter geben durch ihre Tat unerträgliche eigene Opfererfahrungen an andere weiter. Mit ihnen soll sich dann das Opfer herumschlagen. Der Gedanke an ein Opfer, das die eigenen unerträglichen Gefühle, z. B. von Schwäche, Demütigung und Erniedrigung, mit sich herumträgt, beruhigt den Täter dann innerlich und vermittelt ihm Stärke und Sicherheit.

Wenn Sie die Tat schon nicht verhindern konnten, können Sie doch die »psychologische Opferrolle« zurückweisen. Versuchen

Sie zwischen dem Täter und sich einen klaren Trennstrich zu ziehen. Stoßen Sie das, was vom Täter in Sie »eingedrungen« ist, sein Bild, seine Drohungen, seinen Triumph, wieder aus sich aus, z. B. bei der Atemübung (S. 35 f.). Lassen Sie den Täter nicht Ihr weiteres Leben bestimmen!

»**Ich selbst bin verantwortlich oder zumindest mitverantwortlich.**« Falls Sie in Ihrem Tagebuch Formulierungen aufgeschrieben haben, die in diese Richtung gehen, sollten Sie drei Varianten unterscheiden

- die Tendenz zur (Selbst-)Beschuldigung der Opfer,
- realistische Selbstvorwürfe,
- in die Vergangenheit zurückverlagerte Vorbeugefantasien.

Info:
Untersuchungen des Deutschen Instituts für Psychotraumatologie haben ergeben, dass sich Opfer von Gewaltverbrechen in 82 Prozent der Fälle für verantwortlich oder zumindest für mitverantwortlich an der Gewalttat erklären.

Solche Untersuchungsergebnisse stimmen nachdenklich. So häufig können die Opfer gar nicht verantwortlich sein. Die Täter suchen sich das Opfer meist nach dem Prinzip »die Gelegenheit ist günstig« aus, was tatsächlich auf Zufall hinausläuft. Sie verfügen über Tricks, die dem Opfer möglichst geringe Chancen zur Wachsamkeit oder Gegenwehr lassen. Die starke Tendenz der Opfer, sich selbst die Verantwortung oder doch einen hohen Anteil daran zuzuschreiben, mutet unrealistisch an. Auch bei Verkehrsunfällen wird die eigene Verantwortlichkeit systematisch überschätzt.

Diese überhöhte Tendenz zur Selbstbeschuldigung kann folgende Gründe haben:

- *Zeitausdehnung* in der Traumasituation. Für viele Opfer eines Schocktraumas bleibt die Zeit vorübergehend stehen oder erscheint unrealistisch ausgedehnt. Bruchteile von Sekunden können wie Minuten oder Stunden wirken. Dadurch entsteht die Illusion, dass wir genauso viel Zeit zum Handeln gehabt hätten. Also haben wir scheinbar vieles »versäumt«, was objektiv allerdings gar nicht möglich war. Dieser *Täuschungseffekt der Zeitveränderung* erscheint außerordentlich zwingend und überzeugend.

- *Schuldgefühle der Überlebenden*, das heißt: Schuldgefühle, überlebt zu haben, während Angehörige, Freunde oder andere Personen gestorben sind. Auch hierdurch kann die eigene Verantwortlichkeit überschätzt werden.
- *Wer verantwortlich ist, war nicht hilflos und ohnmächtig.* Manchmal liegt ein überhöhter Anspruch an die eigenen Einflussmöglichkeiten vor nach dem Motto: Es ist immer noch besser, sich Vorwürfe zu machen, als die eigene Hilflosigkeit einzugestehen.
- *Wahrnehmungstäuschung der Vergangenheit.* Wir stufen Ereignisse, von denen wir wissen, dass sie eingetreten sind, als vergleichsweise wahrscheinlich und daher auch vorhersehbar ein. Dies geschieht automatisch, sobald wir erfahren, dass ein Ereignis, mag es objektiv auch noch so unwahrscheinlich sein, eingetreten ist. Dann schließen wir zurück: Was eingetreten ist, war nicht nur möglich, sondern auch wahrscheinlich und damit vorhersehbar. Also hätte ich wissen müssen, dass …

Unser Tipp:
Prüfen Sie bitte sorgfältig, ob und wieweit diese Annahmen bei Ihnen vorliegen könnten. Sprechen Sie diese Frage auch mit einer Vertrauensperson durch. Überzogene Selbstvorwürfe können den Erholungsprozess wesentlich behindern und in einen depressiven Zustand führen. Wenn Tendenzen zur (Opfer-)Selbstbeschuldigung bei Ihnen vorliegen, kämpfen Sie dagegen an! Unterscheiden Sie sorgfältig zwischen dem, was wirklich vorhersehbar war und getan werden konnte, und ihrem subjektiven Gefühl der Verantwortlichkeit. Sagen Sie sich laut vor, dass Sie für bestimmte Punkte nicht verantwortlich sind, dass Sie die Verantwortung dafür zurückweisen. Wiederholen Sie diese Aussage so lange, bis die Vorwürfe nachlassen.

Mit der eventuell verbleibenden realen Verantwortlichkeit kann man sich im Allgemeinen besser auseinander setzen als mit irrationalen Überzeugungen. Eben weil diese unrealistisch sind, lässt sich gegen sie nur schwer argumentieren. Reale Versäumnisse und Fehler rufen dagegen Schuldgefühle hervor, zuerst vielleicht eine Wut gegen uns selbst, dann aber Trauer über das, was wir versäumt haben und was vielleicht unwiederbringlich verloren ist. Diese Trauer kann nach einiger Zeit auch zur positiven Kraft werden und helfen, neue Wege aus dem Trauma zu finden. Sie kann dazu beitragen, die Zukunft neu zu gestalten.

Und hier ein weiterer Grund, weshalb viele Opfer ihre eigene Verantwortlichkeit überschätzen:

- *In die Vergangenheit zurückverlagerte »Vorbeugefantasien«.* Ob und wieweit das auf Sie zutrifft, lässt sich jetzt vielleicht besser entscheiden, nachdem Sie einige Gründe für die Tendenzen zur Selbstbeschuldigung schon kennen gelernt haben.

Info:
Kinder gehen eine belastende Situation, die sie glücklich überstanden haben, im Spiel wieder durch, um sich für ähnliche Situationen in der Zukunft zu »trainieren«. Hieran können wir anknüpfen, um Kinder auf belastende Situationen, wie z. B. eine bevorstehende Operation, spielerisch vorzubereiten. Traumatisierte Kinder spielen das Erlebnis bis zur Ermüdung immer wieder durch. Wir sprechen von so genannten »traumatischem Spiel«. Nach vielen Wiederholungen erscheint dann manchmal eine kleine Abweichung. Ein Retter greift ein und wendet in letzter Minute das Unheil ab. Oder ein mächtiges Tier tritt auf und macht alles wieder gut. Solche Änderungen können einen Wendepunkt zum Beispiel in der Kindertherapie andeuten.

Wir haben als Kinder im Spiel viele Erlebnisse durchgespielt, die uns damals belastet hatten. Daher kommt auch uns Erwachsenen wie spielerisch die Frage in den Sinn: Wie hätte es anders ausgehen, was hätte ich anders machen können? Wie in einem Computerspiel erproben wir in Gedanken immer neue Verhaltensmöglich-keiten. Jetzt aber fallen uns meist bessere Maßnahmen ein, als wir sie damals zur Verfügung hatten. Im Nachhinein ist man immer klüger. Dann kommt leicht der Vorwurf auf: Weshalb habe ich dies und jenes damals nicht getan? Sollten wir dieses unnütze Spiel mit in die Vergangenheit verlagerten Vorbeugefantasien da-her nicht lieber beenden?

Nicht unbedingt. Wie auch bei Kindern, kann das Spiel mit anderen Verhaltensmustern sehr hilfreich sein. Wir dürfen nur kei-ne neuen Vorwürfe daraus ableiten.

Übung »Gedankenspiel (Was wäre gewesen, wenn ...?)«

Überlassen Sie sich ganz bewusst dem Spiel »Was wäre gewesen, wenn ich dies und jenes getan hätte, wenn dies und jenes anders verlaufen wäre?« Sie haben inzwischen gelernt, zwischen Fanta-siespiel und realer Verantwortlichkeit zu unterscheiden. Auch wenn es die eine oder andere Möglichkeit, die Sie in Ihrer Fanta-sie entwickeln, real gegeben hätte, können Sie doch nicht von sich erwarten, sie damals schon erkannt und verwirklicht zu haben. Schieben Sie die Verantwortungsfrage einfach beiseite und über-lassen Sie sich Ihren Rettungsfantasien. Fantasieren Sie einen glücklicheren Ausgang. Vielleicht können Sie sich leichter ent-spannen, wenn Sie sich für einige Zeit in eine Wunschwelt bege-ben und wenn es Ihnen gelingt, sich darin wohl zu fühlen.

Wenn Sie diese Übung beendet haben, schauen Sie bitte einmal nach, was Sie in Ihrem Trauma-Tagebuch unter Ihrer persönlichen »Vorbeugetheorie« eingetragen haben. Hört sich das vielleicht sehr ähnlich an, wie die *Übung Gedankenspiel*? Es wäre nicht ver-wunderlich. Denn die Maßnahmen, die wir zu unserem Selbst-schutz entwickeln, haben ihre Wurzel in unseren persönlichen Fantasien. Wenn wir diese Fantasien kennen, können wir uns selbst besser verstehen.

Wie lässt sich eine Wiederholung verhindern?

Wie lässt sich eine Wiederholung dieses Ereignisses oder ähnlicher Vorfälle in Zukunft verhindern? Was kann ich dazu tun? Was können andere dazu tun?

Unsere erste, spontane Tendenz ist die, alles zu vermeiden, was an das Trauma erinnert, den Ort zum Beispiel, an dem das Unglück geschah, oder ein Verkehrsmittel, das beteiligt war. So reagieren wir auf einer instinktiven Ebene, auf der Ebene unseres »Stammhirns«, das unsere Selbsterhaltungsfunktionen steuert. Es orientiert sich an der »natürlichen Umwelt«, von der in den Jahrmillionen der menschlichen Entwicklungsgeschichte unser Überleben abhing. Hier lebt ein gefährliches Tier, dort wohnen Feinde, hier ist ein Sumpfgebiet. Es ist klug, alles zu meiden, was uns schon einmal gefährlich wurde. Dazu allerdings müssen wir herausfinden, was der Kern und die Ursache der Gefährdung sind.

Die Gefährdungsverhältnisse in der technischen Welt sind komplizierter und weniger offensichtlich. Was hilft es, wenn ich Autos oder Straßenbahnen meide, um nicht wieder in einen Verkehrsunfall zu geraten? Auch als Fußgänger bin ich gefährdet, die Angst kann sich weiter ausbreiten: Konsequenterweise sollten wir das Haus nicht mehr verlassen, jedenfalls so lange nicht, bis die Gefahr eindeutig beendet und für die Zukunft ausgeschlossen ist. Aber wann ist sie das in der technischen Welt? Das »Urhirn«, unser angeborenes »Sicherheitssystem«, arbeitet nach einer konkreten Logik. Mit dem Auto ist der Unfall passiert, also müssen Autos gemieden werden. Unser Großhirn, der Sitz des bewussten Denkens, hingegen verfügt über die Information, dass nicht das Auto als solches gefährlich ist, sondern eine bestimmte Kreuzung, eine defekte Bremse oder ein bestimmtes Fahrverhalten. Erst wenn ich die ursächlichen Verhältnisse durchschaue, kann ich mich wirksam schützen. »Urhirn« und »Großhirn« sollten also zusammenarbeiten, um das Gefühl der Sicherheit wiederherzustellen.

Auch für Ängste, die zunächst übertrieben erscheinen, gilt das *Prinzip der Normalität*. Sie sind grundsätzlich berechtigt, nach allem, was Traumaopfer erleben mussten. Wessen Vertrauen ausgenutzt und missbraucht wurde, der hat allen Grund, in Zukunft äußerst misstrauisch zu sein. Daher ist es gut, Angst und Misstrauen nicht zu überspielen, auch wenn sie auf den ersten Blick unvernünftig scheinen mögen. Hinter ihnen steht das verängstigte »Tier in uns«, das für unsere Sicherheit sorgen will. Nehmen Sie dieses verängstigte und misstrauische »Tier in sich« ernst! Versuchen Sie nicht, seine Ängste zu überspielen und seine Warnung zu bagatellisieren. Sie sind eine wertvolle und grundsätzlich berechtigte Antwort auf das Trauma.

Übung »Wachsamkeitstraining«

Lesen Sie bei jeder Übung die gesamte Beschreibung erst sorgfältig durch, bevor Sie die Übung ausprobieren. Machen Sie sich auch mit der Erklärung zur Wirkungsweise der Übung vertraut: Stichwort Wirkungsweise.

Achtung! Gefährdungshinweis. Für die folgende Übung sollten Sie bereits ein festes Tagesritual entwickelt haben und ein Trauma-Tagebuch führen. Machen Sie die Übung nicht, solange Sie sich noch in der akuten Verwirrung befinden, die oft nach dem Trauma eintritt (Einwirkungsphase des Traumas). Wenn Sie durch die Übung in zu starke Erregung und Ängste geraten, brechen Sie sie ab. Nehmen Sie sie erst dann wieder auf, wenn Sie sich wieder beruhigen können. Diese Übung kann durch die Zusammenarbeit mit einem Traumatherapeuten oder einer Traumatherapeutin oft sehr wirksam ergänzt werden.

Führen Sie in Ihrem Tagebuch alle Ihre Verhaltensweisen auf, die nach dem Trauma entstanden sind und die auf Wachsamkeit und Sicherheit zielen. Auch negative, lästige Beschwerden wie z. B. Schlaflosigkeit, Übererregung, Überwachheit und Schreckhaftigkeit gehören dazu. Prüfen Sie diese Beschwerden auf ihren Kern als Selbstschutzmaßnahme hin.

Nehmen Sie die Botschaft Ihrer Alarmsignale ernst und üben Sie bewusst, auf alle Gefahren zu achten, die Ihr »Urhirn« Ihnen signalisiert.

Achten Sie bewusst auf die Gefahr, dem Täter wieder zu begegnen: auf Einbruchgefahr, im Straßenverkehr auf Möglichkeiten, wieder in einen Unfall hineinzugeraten oder sonst in eine ähnliche Katastrophe, wie Sie sie erleben mussten. Tragen Sie alle diese Gefahren in Ihr Trauma-Tagebuch ein und vermerken Sie hinter jeder Gefährdung, wie häufig sie im Laufe des Tages oder während der Nacht vorgekommen ist. Ergänzen Sie die Gefährdungsliste mehrmals am Tag. Machen Sie jedes Mal einen Strich hinter eine Gefahrensituation, wenn sie sich wiederholt.

Jedes Mal wenn Sie die Liste ergänzt haben, schließen Sie ein kleines Ritual an. Begeben Sie sich »feierlich« zu Ihrem Schreibtisch oder dem Schrank, wo Sie Ihr Trauma-Tagebuch verwahren, und schließen Sie es sorgfältig bis zur nächsten Eintragung ein. Achten Sie auf das Geräusch, wenn sich die Tür oder Schublade schließt, schließen Sie energisch ab und verwahren Sie den Schlüssel an einem anderen Ort. Versuchen Sie jetzt, sich zu entspannen und zu beruhigen. Vielen Betroffenen, denen es zunächst schwer fällt, eine Entspannungsübung zu machen, fällt dies leichter, wenn sie das Wachsamkeitstraining gemacht und die Eintragungen verschlossen haben.

Gehen Sie Ihre »Gefährdungsliste« am kommenden Tag noch einmal durch. Vergleichen Sie Ihre Befürchtungen mit dem, was tatsächlich geschehen ist. Vermerken Sie hinter dem Eintrag, welche Befürchtung berechtigt war und welche nicht. Auf welche Gefahren oder Problemsituationen waren Sie nicht genügend vorbereitet? Überlegen Sie sich für diese Situationen geeignete Verhaltensweisen und tragen Sie auch diese in Ihr Tagebuch ein.

Wirkungsweise. Viele Betroffene erleben nach der Anspannung, die es zunächst bedeutet, sich auf die eigenen Ängste zu konzentrieren, Erleichterung, wenn sie die Übung vollendet haben. Die Übung kann die Zusammenarbeit zwischen verschiedenen Persönlichkeitsanteilen – z.B. dem verängstigten Kind (oder Tier) in uns und unserem rationalen Ich – wesentlich verbessern. Manchmal entstehen eskalierende Ängste durch die so genannte »Erlkönig-Spirale«, wie in dem bekannten Gedicht von Goethe. In diesen Versen reitet der Vater durch die Nacht. Er trägt seinen kleinen Sohn auf dem Arm, um ihn in Sicherheit zu bringen. Der kleine Junge äußert beängstigende Fieberfantasien. Aber alles erklärt der

Vater ihm auf natürliche, rationale Weise, so zum Beispiel das beängstigende Flüstern, das der Junge vernimmt:

Der Vater:
»Sei ruhig, bleibe ruhig, mein Kind,
in dürren Blättern säuselt der Wind.«

Der Ausgang des Gedichts ist den meisten Lesern bekannt: Der Vater erreicht schließlich den rettenden, sicheren Ort, aber das Kind in seinen Armen ist tot.

Goethes Gedicht, das inhaltlich auf ein überliefertes Motiv zurückgeht, lässt sich sicherlich sehr unterschiedlich verstehen. Ein möglicher Verständniszugang richtet sich auf die Beruhigungsmethode des Vaters, der es vermeidet, sich in die Angstwelt des Jungen hineinzuversetzen. Eine Folge ist, dass sich der Junge allein gelassen fühlt, sogar in den Armen seines Beschützers. Gegen diesen »Erlkönig-Effekt« können Sie angehen, indem Sie Ihre Ängste ernst nehmen und die Übung »Wachsamkeitstraining« über einige Tage hinweg konsequent betreiben. So nehmen Sie Ihre vielleicht unbegründeten Ängste und Befürchtungen zur Kenntnis und gewöhnen sich daran, auch auf »irrationale« Ängste und Fantasien zu hören.

Wenn sich die Zusammenarbeit zwischen Ihrem »irrationalen« und dem »rationalen« Persönlichkeitsanteil verbessert, können beide von einander lernen. Der eine bringt die Überlebenserfahrung der Urgeschichte ein, der andere die Kenntnisse der modernen Welt. Eine Folge dieser Verständigung ist oft, dass wir Gefahren dort erkennen, wo sie wirklich sind, und uns erfolgreich gegen sie schützen lernen. Während es sonst leicht vorkommt, dass wir uns gegen Gefahren wehren, die gar nicht existieren, die wirkliche Gefahr aber verkennen.

Und nun zu Ihrem dritten Eintrag im Trauma-Tagebuch:

Wie lässt sich das Trauma heilen?

Was muss geschehen, damit ich von der seelischen Erschütterung geheilt werde und wieder ein lebenswertes Leben führen kann? Was *kann* dazu geschehen?

Eine spontane »Heilungstheorie« lautet bei vielen Betroffenen: Vergessen, vergessen, vergessen ... Über alles wächst Gras. Die Zeit heilt alle Wunden.

Andere betrachten genau diesen Wunsch zu vergessen als »gefährliche Verdrängung« und warnen davor. Man müsse sich unbedingt intensiv mit dem Trauma auseinander setzen, und zwar möglichst sofort, argumentieren Vertreter dieser »Heilungstheorie«.

Was ist denn nun richtig?

Einmal unterscheiden sich die *Menschen* und zum andern die traumatischen Situationen, welche die einzelnen Betroffenen erlebt haben. Was dem einen hilft, kann für den anderen schädlich sein. Wir wollen die erste spontane Heilungsvorstellung als »Vergessenstheorie« oder »Vergessenstherapie« bezeichnen, die zweite als »Konfrontationstheorie« oder auch als »Konfrontationstherapie«. »Vergessenstheoretiker« tun alles, um sich abzulenken und so zu ihrer früheren Normalität zurückzukehren. Konfrontationstheoretiker haben die Vorstellung, wieder durch das Trauma hindurchgehen zu müssen, um die kritische Situation diesmal zu meistern. »Überwunden« hat der eine das Trauma, wenn es vergessen ist oder die Erinnerung daran ihn mehr oder weniger gleichgültig lässt, der andere, wenn er sich der Gefahr stellt und sie diesmal meistert. Die beiden »Theorien« werden jeweils von unterschiedlichen Persönlichkeitstypen bevorzugt. Wahrscheinlich spielen hierbei auch Veranlagungsfaktoren eine Rolle.

Übung »Heilungstheorie«

Prüfen Sie, ob Sie eher zum Vergessen oder zur Konfrontation neigen, und vermerken Sie einen entsprechenden Eintrag in Ihrem Tagebuch.

Es gibt sicher noch viele weitere spontane Heilungsideen. Um nur noch eine zu erwähnen: Die Heilung der seelischen Wunde wird vom Beitrag einer anderen Person erwartet, z. B. von der Einsicht des Täters in das Unrecht seiner Tat oder von der Rache an ihm oder von seiner Bestrafung. Auch diese Vorstellung enthält einen berechtigten Kern. Die Erfahrung von Gerechtigkeit kann den Heilungsprozess fördern, fortbestehendes Unrecht die Erholung vom Trauma schwer beeinträchtigen. Probleme entstehen jedoch, wenn das Opfer sich zu sehr auf den Täter konzentriert und seine persönliche Heilung davon abhängig macht, was dieser tut oder was mit ihm geschieht.

Im Folgenden werden wir »Vergessen« und »Konfrontation« genauer diskutieren, da die meisten Betroffenen zur einen oder anderen Form der Traumaverarbeitung neigen. Wenn Sie sich in Ihrer Tagebuchnotiz keinem der beiden Typen eindeutig zuordnen konnten, probieren Sie einfach die Übungen für beide durch.

Spontane »Vergessenstherapie«. Falls Sie zu dieser Form der Trauma-Bewältigung neigen, werden Sie vermutlich durch Aktivität, Sich-Ablenken, Sich-Zerstreuen oder durch »Betäuben« versuchen, den Vorfall zu vergessen. Das Trauma soll eingegrenzt, abgeriegelt und möglichst tief vergraben werden.

Wenn Sie das Buch bis hierher gelesen haben, werden Sie wissen, dass Ihre Heilungsvorstellung eine ganz normale Antwort auf ein schreckliches Ereignis ist. Es ist nur allzu verständlich, dass Sie das Geschehene endlich »begraben« möchten, um wieder Ihre Ruhe zu finden. Manchmal misslingt dies aber. Dann tauchen Erinnerungen an das Geschehen auf und Sie versuchen, auf irgendeine Art, möglicherweise auch mit Beruhigungsmitteln oder Alkohol, Ihre Ruhe wieder zu finden.

Unser Tipp
zu Beruhigungsmethoden:

Greifen Sie zu Ihren »natürlichen Beruhigungsmitteln«, zu dem, was Ihnen immer schon geholfen hat. Probieren Sie auch unsere Übungen zur Beruhigung und Distanzierung. Tun Sie alles, was Ihnen hilft, sich zu entspannen und abzulenken. Und noch etwas:

Seien Sie nicht allzu verängstigt, wenn Ihre Beruhigungsmethoden vorübergehend versagen und Angst aufkommt. Auch Ängste sind begrenzt. Sie gehen vorüber.

Es ist möglich, sich auf seelische Schmerzen und schwer erträgliche Spannungszustände einzustellen. Im Folgenden knüpfen wir dabei an die Atemübung an.

Übungsvorschlag zum Ertragen von Ängsten[4]

Lesen Sie bei jeder Übung die gesamte Beschreibung erst sorgfältig durch, bevor Sie die Übung ausprobieren. Machen Sie sich auch vertraut mit der Erklärung zur Wirkungsweise der Übung.

Wählen Sie zunächst ein Vorstellungsbild aus, das Ihnen in mittlerem Grad beunruhigend erscheint. Stellen Sie sich dazu eine »Beunruhigungsskala« vor von 1 bis 10 Punkten (Stufe 1 bedeutet kaum beunruhigend, 10 heißt maximal beunruhigend). Das von Ihnen ausgewählte Bild sollte den Wert 4 auf der Beunruhigungsskala nicht überschreiten.

Konzentrieren Sie sich jetzt auf die Atemübung (S. 35 f.). Wenn Sie sich in einem entspannten Zustand befinden und Ihr Atem ruhig fließt, rufen Sie sich das »Angstbild« vor Augen und versuchen Sie dabei, ruhig und entspannt weiterzuatmen. Wenn Ihnen das gelingt, konzentrieren Sie Ihre Aufmerksamkeit auf das Gefühl der Angst als solches und »lassen die Angst los«. Die Angst, dieses Gefühl ist jetzt zwar noch da, aber es ist nicht mehr Ihr Gefühl. Es schwebt gewissermaßen im Raum. Manche Personen können das frei schwebende Gefühl jetzt mit dem Atem verbinden. Wie der Atem, so schwebt das freie Gefühl im Raum und bewegt sich in Wellen wie die Luft. So ist das Gefühl zwar noch da, aber es beherrscht Sie nicht mehr. Sie haben es freigelassen.

Wirkungsweise. Die Übung führt dazu, dass wir uns von Gefühlen besser distanzieren können, die uns sonst beherrschen. Ähnlich wie in der Bildschirm-Technik (S. 51 f.) distanzieren wir uns von negativen Gefühlen. Wir verpacken es aber nicht in den »Safe«, sondern bleiben in Kontakt mit unserem Gefühl. Wir trainieren uns dadurch, negative Gefühle zu ertragen, ohne dass wir unsere Selbstschutzmechanismen hochfahren und sofort »dicht machen« müssten.

Achtung! Gefährdungshinweis! Verwenden Sie diese Übung nur bei Angstgefühlen von mittlerer Stärke (bis maximal 6 auf der Beunruhigungsskala). Erinnerungen an das Trauma, vor allem die automatischen Erinnerungen in Form der »Rückblenden« vom Traumageschehen (flash-backs), lösen manchmal panische Ängste aus. Hier sind Techniken des »Ertragens« für die meisten Betroffenen zu »schwach«. Gehen Sie dann lieber auf Nummer Sicher mit den radikaleren Distanzierungstechniken und mit allem, was Ihnen persönlich hilft, den Gedankenzug zu stoppen.

Spontane »Konfrontationstherapie«. Wenn Ihre Selbsttherapie eher nach diesem Muster verläuft, dann verfahren Sie gern nach dem Motto: Wer vom Pferd gefallen ist, soll sofort wieder aufsteigen, damit die Angst gar nicht erst um sich greift. Manchmal sind auch sehr radikale Vorstellungen von einer Wiederbegegnung mit dem Trauma vorhanden. Traumahelfer und Einsatzkräfte melden sich zu immer härteren Einsätzen, um sich zu beweisen, dass sie eigentlich gar kein Trauma haben und seelisch fast unverletzlich sind. Frauen, die in ihrer Partnerschaft unter einem gewalttätigen und meist auch alkoholabhängigen Mann gelitten haben, suchen sich einen ähnlich gearteten Partner, um sich und anderen zu beweisen, dass Besserung doch möglich ist und dass sie die geeigneten Helferinnen sind. Manche Opfer entwickeln eine intensive Bindung an den Täter, ja sogar eine Art Liebe zu ihm und überwinden damit die Todesangst, die sie vorher gespürt hatten. Auf eine eher indirekte Art wird hier nach dem Motto verfahren: Nur keine Angst aufkommen lassen; immer wieder rein in die Gefahrenzone; den Stier bei den Hörnern fassen; was mich nicht umbringt, macht mich härter usw. Es handelt sich um eine sehr aktive Form, mit Ängsten umzugehen.

Natürlich ist das im Prinzip eine gesunde Antwort auf die beängstigende, überwältigende traumatische Erfahrung. Wir verfahren nach dem Prinzip: »Angriff ist die beste Verteidigung.« Nun wissen wir aus unserer Lebenserfahrung, dass wir leicht unüberlegt handeln, wenn wir aus einem Affekt oder gar einem Schockzustand heraus aktiv werden. Wer wirksam handeln will, muss nachdenken, um herauszufinden, was das Beste ist, und natürlich, um Atem zu schöpfen und um »zu sich« zu kommen.

Übung »Zeitsprung«

Lesen Sie bei jeder Übung die gesamte Beschreibung erst sorgfältig durch, bevor Sie die Übung ausprobieren, ebenso den Gefährdungshinweis. Machen Sie sich auch vertraut mit der Erklärung zur Wirkungsweise der Übung: Stichwort Wirkungsweise.

Machen Sie zunächst Ihre Entspannungs- oder Distanzierungsübung. Gehen Sie vorsichtig die Situation des Traumas durch, aber nur bis kurz vor der eigentlichen Katastrophe. In welcher Verfassung waren Sie, als Sie noch nichts von der Katastrophe ahnten? Was geschah vorher? Was haben Sie gefühlt, gedacht, getan? Vergegenwärtigen Sie sich alle Einzelheiten Ihres Erlebens bis zur Katastrophe. Anstatt nun weiter in die Katastrophe hineinzugehen, machen Sie einen »Zeitsprung« und stellen sich vor, dass Sie die Katastrophe, die Sie erlebt haben, nicht in der Vergangenheit, sondern in der Zukunft beobachten. Tun Sie nun alles, was notwendig und sinnvoll ist, um sich und andere aus der Gefahr zu retten. Rufen Sie Retter herbei, die helfen können. Mobilisieren Sie alle Kräfte. Beobachten Sie das Gefühl der Entspannung, das sich in Ihrem Körper ausbreitet, wenn die Rettung gelungen ist.

Achtung! Gefährdungshinweis! Wenn starke Ängste in Ihnen aufgekommen sind, als Sie den Text zum Übungsvorschlag gelesen haben, wählen Sie ein anderes Vorgehen. Überspringen Sie diese Ängste nicht nach Art der »Konfrontationstherapie«. Hören Sie auf Ihre Ängste. Aber lassen Sie sich nicht von ihnen überfluten. Versuchen Sie vielmehr, sich zu beruhigen. Überprüfen Sie jetzt erneut, wieweit es Ihnen möglich ist, die Übung mit einer gewissen Distanz durchzuführen. Versetzen Sie sich in den Entspannungszustand und stellen Sie sich vor, nicht Sie selbst, sondern irgendein Unbekannter befinde sich in der gleichen Situation wie Sie vor der Katastrophe. Wenn auch diese Vorstellung noch zu nahe ist und ebenfalls Angst hervorruft, verlagern Sie die Szene einfach in einen Film. Sie sitzen bequem und relativ entspannt da und schauen zu, bis sich die Katastrophe anbahnt. Jetzt unterbrechen Sie den Film, machen den Zeitsprung und verwandeln alles in einen Film mit gutem Ausgang.

Wirkungsweise. Sie knüpfen mit dieser Übung an Ihre Verfassung vor dem Trauma an und schließen so den Riss in der eigenen Lebensgeschichte, den das Trauma oft bewirkt. Ihre Zeit vor dem Trauma und die Zukunft verbinden Sie so miteinander. Durch den Zeitsprung besinnen Sie sich auf Ihre eigenen Kräfte und Fähigkeiten, mit ähnlichen Situationen in Zukunft fertig werden zu können. Als »Konfrontationstyp« sind Sie geneigt, zu rasch in die wirkliche Erinnerung einzusteigen. Überfordern Sie sich nicht. Bleiben Sie gerade als »Konfrontationstyp« so lange »im Film«, bis der Film Routine geworden ist und keine besonderen Ängste mehr wachruft. Erst dann gehen Sie schrittweise zu einer mehr realistischen Vorstellung über. Dabei kann es sich im Film zunächst um einen Unbekannten handeln, dann um einen Bekannten, dann um Sie selbst in einem früheren Lebensalter usw. bis zum wirklichen Ablauf vor der Katastrophe. Machen Sie immer den »Zeitsprung« in die Zukunft und führen alles zu einem guten Ausgang.

Für Traumabetroffene ist es wichtig, die Situation um das Trauma herum möglichst genau kennen zu lernen. Einzelheiten werden oft im »impliziten Gedächtnis« gespeichert in einer Form, an die unser bewusstes Erinnerungsvermögen nicht heranreicht. Das kann zu einer sehr unerfreulichen, manchmal sogar schädlichen Art und Weise führen, das Trauma zu wiederholen. Wie unter einem Zwang suchen wir immer wieder Situationen auf, die unbewusst dem Trauma ähnlich sind, und scheitern immer wieder an ihnen. Sigmund Freud, der Begründer der Psychoanalyse, hat diesen Versuch, das Trauma zu bewältigen, als »Wiederholungszwang« bezeichnet, als Zwang, eine Katastrophe, die wir einmal erlebt haben, immer von neuem wiederholen zu müssen. Indem Sie sich möglichst genau die Einzelheiten vor dem Trauma ins Gedächtnis rufen – Ihr Befinden damals, was Sie gesehen, was Sie gehört haben, was Sie fühlten, was Sie taten, was Sie dachten –, holen Sie diese Elemente aus dem impliziten Gedächtnis wieder hervor. Ähnlich gelagerte Gefahren können Sie dann als solche erkennen und sich besser auf sie einstellen. Im Zeitsprung haben Sie das ja schon trainiert, nämlich im »Sandkastenspiel« Ihrer eigenen Vorstellungen, und es ist daher ungefährlich.

Lässt sich denn das Trauma überwinden, ohne sich auch an die traumatische Situation zu erinnern und sie wieder durchzugehen? So fragen, inzwischen leicht ungeduldig, vor allem wohl Betroffene vom »Konfrontationstyp«.

Die Antwort: Ja, es gibt nicht wenige Beispiele für Traumaheilung, ohne dass die traumatische Situation in ihren Einzelheiten *erinnert* wurde. Aber Sie haben mit Ihrer Frage einen wichtigen Punkt getroffen. Oft ist es wirklich hilfreich und manchmal auch notwendig, die traumatische Situation selbst, den Höhepunkt des Schreckens, noch einmal durchzugehen. Manchen Personen fällt es auch gar nicht so schwer, in der Erinnerung alles noch einmal durchzuspielen und sich dabei zu sagen, nun ist es vorbei. Dies sollten Sie jedoch keinesfalls erzwingen. Die Übungen in diesem Handbuch dienen dazu, vom Trauma Distanz zu gewinnen, die Überflutung zu stoppen, sich zu beruhigen und sich wieder besser zu fühlen. Sie dienen nicht dazu, sich unmittelbar mit dem Trauma zu konfrontieren. Der Versuch kann leicht entgleisen. Man gerät wieder auf den alten »Horrortrip«. Die Folge ist eine erneute, manchmal sogar verstärkte Traumatisierung. Wer das Gefühl hat, zu seiner Heilung diesen Schritt zu benötigen, sollte sich an einen Fachmann oder eine Fachfrau wenden, die eine Ausbildung in Fachberatung oder Psychotherapie von psychischer Traumatisierung nachweisen kann.

Die Welt wieder sehen lernen – kreative Möglichkeiten unseres Gehirns

Achten Sie einmal für einen Augenblick auf Ihren Körper, wenn Sie morgens verspätet und etwas gehetzt zur Arbeit eilen oder sonst »im Stress« sind. Es ist, als wäre der Körper kaum vorhanden – wenn er sich nicht gerade durch allerlei negative Empfindungen bemerkbar macht. Ihre Aufmerksamkeit ist auf den Sekundenzeiger gerichtet, den Straßenverkehr oder Straßenbahnanschluss. Die Gedanken kreisen um Fahrpläne, Verspätung, Routineverrichtungen, die Sie beachten müssen. Habe ich nichts vergessen? Ist die Besprechung genügend vorbereitet? Unser Körper schrumpft in unserem Selbstgefühl zu einer Art Leerstelle, zu etwas, das gerade gut genug ist, zielgerichtet zu funktionieren. Wir können sogar eine Wut auf diesen »Sklaven« bekommen, wenn er stolpert oder sich sonst »dumm anstellt«. So verändert der Stress unser Körpergefühl. Noch extremer wirkt das Trauma. Statt uns in unserem Körper wohl zu fühlen, ziehen wir uns eher aus ihm zurück. Unser Körper ist der Ort der Hilflosigkeit, die wir im Trauma erfahren mussten. Manche Trauma-Betroffene ziehen sich deshalb ganz von ihrem Körper zurück. Sie sind dann eine Persönlichkeit, die nicht mehr im Körper, sondern nur noch in der Vorstellung existiert. Das ist sicherer. Auch von Teilen des Körpers können wir uns zurückziehen, von der Hand, die eingeklemmt war, von dem Arm, der versagt hat, dem Unterleib, der misshandelt oder sexuell missbraucht wurde usw.

Übung »Landschaftsgemälde sehen«

Jetzt machen Sie eine Gegenprobe. Sie wandern durch eine schöne Landschaft, dort, wo Sie Ihnen am besten gefällt, durch Wiesen, Wälder, Heide, Berge oder am Wasser entlang. Gehen Sie in mittlerem Tempo, aber zielstrebig Ihren Weg. Gehen Sie aufrecht, mit dem Kinn annähernd parallel zum Boden. Und richten Sie Ihren Blick in die Landschaft. Den Weg nehmen Sie noch aus den Augenwinkeln wahr. Versetzen Sie sich jetzt in Ihren Körper hinein und achten Sie darauf, wie Ihr Körper sich in der Landschaft bewegt. Wenn diese »Parallelschaltung« von Körper und Blick gelingt, kann es sein, dass Sie nach einiger Zeit die Landschaft verändert wahrnehmen. Wie ein Landschaftsgemälde. Sie nehmen jetzt keine einzelnen Äste, Bäume oder Sträucher mehr wahr, sondern Licht, Schatten, Farben und aus ihnen gebildete Gestalten und den »Hintergrund«, wovon sie sich abheben. Dieses ganzheitliche Gestalten-Sehen macht Sie empfindlich für alles, was sich bewegt und sich verändert. Es verschafft einen Überblick über die Umgebung. Sie können diesen Effekt der Gesamtwahrnehmung noch verstärken, indem Sie leicht die Augen zusammenkneifen. Wenn Sie jetzt spazieren gehen und auf Ihren Körper achten, können Sie spüren, dass er keine »Leerstelle« mehr ist wie im Stress. Vielmehr können Sie ihn jetzt als Zentrum und Bezugspunkt der Umgebung erleben. Es ist, als ob Ihr Körper Teil der Landschaft ist. Aber der Teil, durch den das Gemälde sichtbar wird. Ein ähnliches Gefühl kommt in Filmen auf, die mit einer beweglichen Kamera aufgenommen wurden. Das Körperempfinden des Zuschauers wird Teil der Filmlandschaft.

Üben Sie sooft Sie können das »Umschalten« auf die ganzheitliche Wahrnehmungsweise. Die Verbindung zwischen dem »Landschaftsgemälde« und Ihrem Körper finden Sie heraus, wenn Sie die angegebene Übung machen. Später können Sie dann automatisch auf die »Ganzheits-Funktion« umschalten.

Wenn Sie genauer darauf achten, können Sie bemerken, dass Ihre Wahrnehmung dann stärker auf den »Hintergrund« der Dinge reagiert, während sie sonst auf die Dinge selbst gerichtet ist, nicht auf das »Nichts«, welches das Sein hervorbringt. Wer Erfahrung im Malen besitzt, weiß, wie viel lebhafter unsere Bilder werden, wenn es uns gelingt, nicht die Dinge, sondern ihren »Hintergrund« zu malen.

Dieser Wechsel zwischen ganzheitlicher Wahrnehmung und Einzelheiten hat eine physiologische Grundlage, die in der Arbeitsweise unseres Gehirns begründet liegt. Bei der ganzheitlichen Wahrnehmung überwiegt (bei Rechtshändern) die Aktivität der rechten Hirnhälfte (Hirnhemisphäre), für die Ding- und Detailwahrnehmung ist die linke Hirnhälfte zuständig. Die linke Hemisphäre regelt das analytische Denken, die Sprache und die Logik, die rechte ganzheitliche Qualitäten, Kreativität, Gefühle und unsere ganzheitliche Körperwahrnehmung. Wenn wir uns bewegen und die Aufmerksamkeit auf unseren Körper richten, fällt es uns leichter, von »links« auf »rechts« umzuschalten.

Wir wollen nicht etwa die Tätigkeit der einen gegen die andere Hemisphäre ausspielen. Auf deren Verbindung kommt es an, auf die Verbindung zwischen Körper und Geist, zwischen Vernunft und Gefühl, zwischen analytischem und ganzheitlichem Denken. Diese Verbindung kann beim Trauma verloren gehen. Aus Untersuchungen, welche die Hirnaktivität sichtbar machen, wissen wir, dass bei traumatischen Erinnerungen vor allem die rechte Hirnhälfte aktiv ist, während die linke unterdrückt ist. Da sich das Sprachzentrum in der linken Hemisphäre befindet, kommt ein Zustand von »Schrecken ohne Worte« zu Stande, der »Horrortrip«, unter dem viele Traumaopfer leiden. Sie durchleben das Trauma in ihrer Vorstellungswelt noch einmal, mit allen entsetzlichen Gefühlen, ohne für die Bilder oder Empfindungen, die sie erleben, Worte zu finden. Ein »Schrecken ohne Namen« ist aber noch bedrohlicher als Erlebnisse – und mögen sie auch noch so schrecklich sein –, die wir zumindest mit Worten benennen können.

Wandern Sie gegen das Tauma an! Verschiedene Untersuchungen legen nahe, dass Tätigkeiten, in denen wir uns in einem Links-Rechts-Rhythmus bewegen, die Zusammenarbeit und den Informationsaustausch zwischen den Gehirnhälften fördern. Der Grund dafür liegt in der »Überkreuz-Konstruktion« unseres Nervensystems. Die meisten Nervenbahnen der linken Körperseite enden in der rechten Hirnhälfte, die der rechten in der linken Hirnhälfte. Das Verbindungsstück zwischen den beiden Halbkugeln (Hemisphären) unseres Gehirns ist der so genannte Balken. Über den Balken, diese Brücke zwischen den beiden Hirnbereichen, laufen zahlreiche Nervenfasern. Sie »verdrahten« beide Hemisphären und regeln den Informationsaustausch. Zweiseitige (bilaterale) Bewegung, wie rhythmisches Trommelschlagen, abwechselnd mit beiden Händen, Tanzen, rhythmische Augenbewegungen (entweder seitlich waagerecht oder von unten nach oben), aber auch gemächliches Spazierengehen oder langsames Laufen, kann der einseitigen Ausrichtung unseres Gehirns auf nur eine Hemisphäre entgegenwirken.

Übungsvorschlag »Rhythmische Augenbewegung«

Lesen Sie bei jeder Übung die gesamte Beschreibung erst sorgfältig durch, bevor Sie die Übung ausprobieren. Machen Sie sich auch mit der Erklärung zur Wirkungsweise und zum Gefährdungshinweis vertraut.

Setzen Sie sich bequem auf einen Stuhl, und zwar so, dass Sie etwa gleichen Abstand zu zwei einander gegenüberliegenden Ecken an der Decke Ihres Zimmers haben. Richten Sie Ihren Blick nach oben und lassen Sie Ihre Augen von einer Ecke zur anderen wandern, ohne den Kopf zu bewegen. Wichtig ist, dass Sie den Abstand zu Ihren beiden Blickpunkten so wählen, dass Ihre Augen bei der Seitwärtsbewegung etwa an die Grenze ihres Bewegungsspielraums kommen. Ferner soll die Augenbewegung annähernd einer geraden Linie von einer Ecke zur anderen folgen. Wenn sie Augenbewegungen in beide Richtungen durchgeführt haben, erleben die meisten Personen ein Gefühl von wohliger Müdigkeit. Wenn sie dabei eine liegende Position wählen, können sie mit dieser Übung auch leichter einschlafen.

Falls Ihnen diese Übung liegt und Sie dabei regelmäßig ruhig und müde werden, können Sie sich während der Übung auch Stresssituationen aus dem Alltag vorstellen bis hin zu einem Wert von maximal 5 auf der 10-stufigen »Beunruhigungsskala« (1 gleich kaum beunruhigt, 10 gleich maximale Beunruhigung). Fangen Sie mit Stufe 1 an und gehen Sie erst höher, wenn die Stressbilder verblassen und Sie nicht mehr beunruhigen.

Wirkungsweise. Indem Sie die beruhigende Wirkung der Übung erleben und sich gleichzeitig auf Ihre belastende Vorstellung konzentrieren, überwindet allmählich die Ruhe den Stress. Die beunruhigenden Bilder verlieren ihre gefühlsmäßige »Ladung«, wenn es Ihnen gelingt, konsequent weiter die Augenbewegung zu machen und sich auf das Stressbild und die von Ihnen ausgewählte Stresssituation zu konzentrieren.

Achtung! Gefährdungshinweis! Wählen Sie keine Stressbilder mit höherem Beunruhigungsgrad als maximal Stufe 5. Wählen Sie keine Stressvorstellungen aus dem Umfeld Ihres Traumas. Hier kann leicht ein Ablauf eintreten, der nur schwer zu steuern ist. Nutzen Sie die Technik für Ihre Auseinandersetzung mit Stresssituationen im Alltag. Sie bekommen so den »Rücken frei«, um mit weiteren Belastungen fertig zu werden. Zum Beispiel können Sie die Übung »rhythmische Augenbewegung« nutzen, um sich Ihrer Vorstellung an eine belastende Situation innerlich schrittweise anzunähern. Es gibt eine Technik der Traumatherapie, die so genannte »Augenbewegungstherapie«, die sich die Möglichkeiten, sich über Augenbewegungen zu beruhigen, systematisch zu Nutze macht. Zeitweilig kann mit dieser Technik auch eine therapeutische Erleichterung im Traumabereich erzielt werden.

Traumaopfer meiden oft alles, was an das Trauma erinnert. Wenn zum Beispiel der Arbeitsplatz Ort des Geschehens war, empfinden sie einen Widerstand und Angst, sich diesem Ort wieder anzunähern. Verfahren Sie nach dem Prinzip der kleinen Schritte. Versetzen Sie sich in einen entspannten Zustand und nähern Sie sich in Gedanken Ihrem Arbeitsplatz schrittweise wieder an. Bleiben Sie bei einer Vorstellung, die Ihnen Angst macht, so lange stehen, bis Sie sich an diesen Schritt gewöhnt haben. Nähern Sie sich erst dann noch weiter an. Gehen Sie die nächste Stufe immer erst an, wenn die Angst auf der vorigen völlig verschwunden ist und Sie das deutliche Gefühl haben, diese Stufe meistern zu können. Zum Beispiel eine Vorstellung wie: Ich gehe jetzt an meinen alten Arbeitsplatz zurück und setze mich an meinen Schreibtisch. Sagen Sie sich, dass Sie in Sicherheit sind. Dass der Täter, zum Beispiel nach einem Banküberfall, nicht mehr da ist. So können viele Traumabetroffene schrittweise ihre Angst überwinden. Manche bevorzugen auch eine »Gewalttour«, gehen an ihren Arbeitsplatz zurück und warten, bis die Ängste nachlassen. Probieren Sie einfach aus, welches Vorgehen Ihnen persönlich am besten liegt. Entscheidend ist, dass Sie den Kontakt zu Ihren Ängsten halten. Ihr Körper signalisiert diese Angst durch Anspannung, Schwitzen, verstärkte Atmung und Herzfrequenz, manchmal durch Zittern. Greifen Sie das berechtigte Anliegen Ihres Körpers auf und führen Sie es vernünftig weiter. Achten Sie darauf, dass Ihr Körper sich sicher fühlen und wieder in die gewohnte Situation einleben kann.

Unsere rechte Hirnhemisphäre verarbeitet gefühlsverbundene, ganzheitliche Ideen und Vorstellungen. Sie lässt uns die Dinge »anders sehen« als im gewohnten Alltagsleben, in engerem Bezug zu unserem Körper. Und aus dieser mehr ganzheitlichen Einstellung entspringt auch unsere Kreativität. Aus ihr kommen die Lösungen, die wir für die Überwindung des Traumas so dringend benötigen. Trauma konfrontiert uns mit einer Situation extremer Hilflosigkeit. Wir müssen mit dieser Erfahrung weiterleben und sie in unser Leben einbeziehen. Dies gelingt nur mit einer ganz persönlichen Idee, wie eine Lösung aussehen könnte, die sich im weiteren Leben bewährt. Solch eine »existentielle« Lösung können wir uns nicht einfach nur »ausdenken«. Sie kündigt sich in unseren Träumen an und wird im Traum, wie in einem Computerspiel, durchgespielt und erprobt. Hat sie sich im »Traumspiel« bewährt, wird sie dann in allen Lebensbereichen ausprobiert und durchgespielt. So arbeiten wir in unserem unbewussten Seelenleben jene Lösungen aus, die uns wirklich weiterhelfen.

Unternehmen Sie alles, um Ihre Erfahrung von der Welt, von sich selbst und Ihrem Körper, die durch das Trauma abgeschnitten wurde, wieder vollständig zu machen. Und vertrauen Sie darauf, dass dann, wenn Sie für günstige Bedingungen sorgen, die »Natur« ihren eigenen Schritt zur Lösung beiträgt. Übrigens: In der fachlichen Therapie ist das nicht anders. Auch hier gilt der alte Satz: »Der Arzt oder Therapeut sorgt vor, heilen tut die Natur.« Sorgen Sie vor und schaffen Sie günstige Bedingungen für Ihre Erholung, dann tun Sie alles, was Sie tun können.

Laufen und Wandern – Traumabewältigung in der Natur

Laufen, Kämpfen, Fliehen (oder Weglaufen) sind die natürlichsten Reaktionen des Menschen auf eine bedrohliche Umwelt. Wie in den Millionen Jahren des Lebens in der Savanne reagieren die Menschen mit einem automatischen Lauf- und Bewegungs-Reflex, sooft sie sich bedroht fühlen, obwohl sich unsere Lebensbedingungen, äußerlich besehen, deutlich verändert haben.

Die erwartete Postsendung vom Finanzamt versetzt uns »in Spannung«, was unser Muskelsystem ganz wörtlich nimmt. Unruhig laufen wir hin und her, wenn wir eine Überraschung erwarten oder an einem schwer lösbaren Problem arbeiten. Die körperliche »Begleitspannung« erscheint manchmal ganz sinnlos. Wir geraten in einen körperlichen Stresszustand und bereiten uns auf eine Kraftanstrengung vor, bei Problemen, die mit körperlichem Einsatz gar nicht zu bewältigen sind, eher mit kühlem Verstand. Dennoch arbeitet unser Bewegungssystem auf Hochtouren, wie bei körperlicher Schwerstarbeit. Bei wenig Bewegung kann dies außerordentlich ungesund sein. Trauma als »unterbrochene Handlung in einer existentiellen Bedrohungssituation« versetzt unseren Körper in besondere dauerhafte Anspannnung. Wie im Leerlauf bereiten wir uns darauf vor, die befreiende Handlung endlich ausführen zu können.

So überflüssig es heute scheinen mag, dass wir bei Gefühlen von Angst und Bedrohung reagieren wie in der Urzeit, nämlich mit einer automatischen Flucht- oder Kampfreaktion, so eröffnet diese automatische Kopplung von Gefühl und Reaktion doch umgekehrt auch die Möglichkeit, unsere Gefühle durch die Bewegung zu beeinflussen, die wir gerade ausführen. Dies ist die Grundlage z. B. von Tanz- und Bewegungstherapie. Aber auch Herumlaufen oder freies Spazierengehen dient der Beruhigung und dem Abbau von Stress.

Besonders geeignet ist es, wenn Ihre körperliche Verfassung es zulässt, zu bestimmten Zeiten »in Trab zu fallen« und die natürlichen Bewegungsressourcen des Menschen zu nutzen. Jetzt geben Sie Ihrem Körper in einer Sprache, die er unmittelbar versteht, ein deutliches Signal, dass Sie sich in Freiheit befinden, dass die Gefahr vorüber ist und Sie sich ohne Bedrohung wieder frei bewegen können. Wildes Herumrennen und sportliche Höchstleistungen signalisieren dagegen, dass die Bedrohung fortbesteht. Vorübergehend kann das helfen, »Dampf abzulassen«; das Ende des »physiologischen Kriesgszustands«, den das Trauma verursacht hat, vermittelt es nicht. Dagegen vermittelt gezielte, aber entspannte Bewegung, Herumspazieren, Tanzen, unserem »Reptilien-

hirn«, dem »Tier in uns«, das Ende der Gefahr und den Start in die
Erholung.

Vorsicht! Gefährdungshinweis! Auch wenn Sie die entspannte Bewegung einsetzen, sollten Sie sicher sein, dass keine körperliche Gefährdung für Sie besteht. Nach einem Trauma befinden wir uns immer in einem labilen Gesundheitszustand. Klären Sie mit Ihrem behandelnden Arzt, ob eine fortgesetzte leichte Aktivität von etwa 30 Minuten problemlos für Sie ist.

Wenn Sie mindestens 30 Minuten am Tag die entspannte Bewegung einsetzen, kommt zur psychischen Entspannungswirkung ein Stoffwechselvorgang hinzu, den Sie sich zu Nutze machen können: die Fettverbrennung. Fett verbrennt der Organismus in einem Zustand von mäßiger, lockerer und eher fröhlicher Anstrengung. Bei ernster Belastung und starker Aktivierung dagegen werden nicht Fette, sondern Kohlehydrate verbrannt. Hierdurch entsteht ein erhöhter Gehalt an Milchsäure (Laktat) im Blut. Aus experimentellen Untersuchungen wissen wir, dass ein erhöhter Laktatgehalt im Blut Angst erzeugt. So kann sich bei zu hoher Beanspruchung ein Teufelskreis aufschaukeln: Der erhöhte Spannungs- und Aktivierungszustand im Herz-, Kreislauf- und Muskelsystem bringt vermehrt angsterzeugende Stoffe hervor, die ihrerseits dazu beitragen, den Aktivationsgrad zu erhöhen. Fettverbrennung wirkt diesem Teufelskreis gezielt entgegen. Eine Weichenstellung verläuft hier über die Pulsfrequenz. Ab einem Puls von 120 Schlägen pro Minute schaltet der Stoffwechsel von der entlastenden Fettverbrennung auf die Verbrennung von Kohlehydraten um. Wenn es Ihnen gelingt, Ihren Puls unterhalb dieses kritischen Wertes zu halten, liegen Sie im »grünen Bereich«. Sie reduzieren gefährliche Stoffwechselprodukte der Stressreaktion und überbringen sich und Ihrem Körper auf wirksame Weise den Friedensvertrag nach dem traumatischen »Kriegszustand«.

Die Hilfe der regelmäßigen Fettverbrennung ist so wertvoll, dass Sie erwägen sollten, Ihren Facharzt zu bitten, Ihren individuellen Fettverbrennungspunkt zu bestimmen. Mit einer Pulsuhr können Sie Ihren Lauf so einrichten, dass Sie sich fortdauernd im »grünen Feld« bewegen. In etwa richtig liegen Sie auch, wenn Sie die Atemübung einbeziehen und darauf achten, etwa um ein Drittel länger ein- als auszuatmen. Zählen Sie einfach beim Ausatmen bis drei oder vier und dann wieder bis zwei, wenn Sie einatmen.

Tipp: Den Ausdruck Fettverbrennung dürfen Sie ruhig wörtlich nehmen. Falls Sie zu viel davon haben, verlieren Sie entscheidende Pfunde, wenn Sie die Mindestzeit von 30 Minuten Übungen pro Tag einhalten oder darüber hinaus üben.

Besonders günstig ist es, wenn Sie die Übung so in Ihr Tagesritual einbauen, dass Sie die Zeit vor dem Frühstück dafür nutzen.

Wählen Sie zum Laufen, Spazierengehen, Radfahren oder Reiten nach Möglichkeit eine Umgebung, die Ihnen das Gefühl von Frieden und Entspannung zurückgibt. Sollten störende, beängstigende Erinnerungen auftreten, prüfen Sie, ob Sie zu einer Distanzierungsübung greifen oder einfach weiterlaufen. Wenn Ihr Puls sich längere Zeit »im grünen Bereich« bewegt, werden auch Ängste abgebaut. Wenn Sie sehr lange laufen, gibt die Natur gratis einige »Glückshormone« hinzu, erkennbar an einem leichten Rauschgefühl, das vielen Wanderern und Läufern bekannt ist.

Und noch zwei weitere Tipps zum Wandern und Laufen: Sorgen Sie für gute Sport- oder Wanderkleidung. Nehmen Sie sich Zeit hierfür und rüsten Sie sich gut aus für das kleine »Abenteuer«, jeden Tag von neuem. So wirken Sie auch dem Gefühl entgegen, vom Schicksal »stiefmütterlich« behandelt und missachtet zu sein, unter dem viele Traumabetroffene leiden. Bereiten Sie sich auf das Laufen vor, indem Sie vorher ausgiebige Dehnungsübungen machen. Dabei dehnen Sie langsam die großen Muskelpartien von Beinen, Armen und Rücken jeweils etwa zwei Minuten lang. Mit nach hinten durchgedrückten Knien den Oberkörper langsam nach vorn beugen, langsam und tief ausatmen und sich dabei entspannen: Dies ist eine Übung, mit der Sie Ihre Bein- und Rückenmuskulatur dehnen und fit machen für das Laufen. Ein Ausfallschritt nach vorn, die Hände hinter dem Kopf verschränken und den nach hinten ausgestreckten Fuß anwinkeln, jeweils zwei Minuten rechts und links: Damit erreichen Sie beide Beine und den Schulter-/Nackenbereich. Lassen Sie sich von Freunden günstige Übungen vorführen oder erkundigen Sie sich bei einem Sportlehrer. Finden Sie die für Sie günstigsten »stretching«-Übungen heraus. Ihre Muskeln laufen dann »wie geölt«.

Gut essen und die Widerstandskraft des Körpers stärken

Eine gravierende Folge des Traumas ist die Überhöhung der Säurewerte im Blut. Diesen Zustand können Sie durch die Auswahl Ihrer Nahrungsmittel wesentlich verringern. Gegenspieler von Säuren sind die Basen. Daher sollten Lebensmittel verwendet werden, die basisch wirken. Säurebildende oder die Säurebildung fördernde Nahrungsmittel sollten dagegen vermieden werden.

Empfehlenswert sind Kartoffeln, Reis, Gemüse, Obst und Salate. Zu meiden sind Fleisch und Alkohol. Beim Fisch sollten die fettarmen Arten, wie Krebs, Kabeljau, Schellfisch, Barsch oder Zander, verwendet werden, kombiniert mit Gemüse, Kartoffeln oder Salat. Diese Einschränkung Ihrer Speisekarte sollten Sie für mindestens vier Wochen beachten. Gut zubereitet, stehen genügend schmackhafte und fantasievolle Gerichte zur Verfügung, zu denen wir später einige Anregungen geben werden.

Wenn Sie noch weiter gut für sich sorgen wollen – und das sollten Sie nach dem Trauma unbedingt! –, müssen Sie Ihre Speisekarte noch in einigen weiteren Punkten umstellen.

Verschiedene Untersuchungen belegen, dass nach einem Trauma erhöhte Anfälligkeit für sehr unterschiedliche Krankheiten besteht, von der Erkältung bis zu Herz- und Kreislaufproblemen. Die seelische Verletzung macht auch den Körper verwundbar. Unsere persönliche »Sollbruchstelle« entscheidet mit darüber, an welchem Organ die Krankheit ausbricht. Wie immer genau diese »Schwachstelle« in Ihrem Körper beschaffen sein mag, es gibt einige Empfehlungen, mit denen Sie die Gefahr verringern können.

1. Meiden Sie tierische und »raffinierte« pflanzliche Fette, wie sie beispielsweise auch in frittierten Lebensmitteln enthalten sind. Verwenden sie naturbelassene, pflanzliche Fette wie kaltgepresstes Olivenöl, Rapsöl oder Sojaöl.
2. Meiden Sie »raffinierten« Zucker und Süßigkeiten, die auf der Basis von Zucker erstellt werden, räumlich also den »Kassenbereich« der meisten Lebensmittelgeschäfte oder Tankstellen. Verwenden Sie stattdessen natürliche Süßstoffe, wie Honig oder naturbelassenen Rohrzucker.
3. Reduzieren Sie Ihren Tabakkonsum drastisch. Am besten: Nehmen Sie die Gelegenheit wahr, sich Ihren alten Wunsch zu erfüllen und mit dem Rauchen aufzuhören.
4. Vermeiden Sie den Genuss von stark belebenden Getränken wie Kaffee. Verwenden Sie Kräutertees oder lassen Ihren gewohnten »schwarzen« Tee über die Drei-Minuten-Grenze hinaus ziehen, damit er beruhigt und nicht aufregt.

Wozu diese drastische Umstellung?

Um die Aufnahme von Schadstoffen zu vermeiden und Ihre Abwehrkräfte zu stärken.

Schädliche Fette lassen sich in der Fast-Food-Lebenshaltung kaum vermeiden. Weit verbreitet ist die Kenntnis, dass tierisches und raffiniertes Fett Cholesterin enthält, das einen Risikofaktor für Herzinfarkt bildet. Weniger bekannt ist, dass pflanzliche Fette, wie Olivenöl, Raps- und Sojaöl, wenn Sie naturbelassen sind, das so genannte gute Cholesterin (HDL = High Density Lipoprotein) enthalten, das gerade zur Vermeidung von Infarkt und Blutgerinnseln beiträgt. Bereits wenn Sie Punkt 1 verwirklichen, können

Sie Ihre Gefährdung erheblich reduzieren. Zugleich verbessern Sie auch langfristig Ihre gesundheitlichen Aussichten.

Zu den wirkungsvollen Maßnahmen, die Sie gegen die Übersäuerung ergreifen können, gehört auch der Wechsel vom Zucker zum Honig. Verzichten Sie nicht einfach auf gewohnte Genüsse. Verwenden Sie vielmehr Ihre Fantasie darauf, sich ein gutes Dessert aus natürlichen Stoffen zu bereiten, das Ihnen genauso gut oder vielleicht noch besser schmeckt.

> **Unser Tipp:**
> Kaufen Sie in der Zeit nach dem Trauma Nahrungsmittel aus biologischem Anbau ein. Diese kosten normalerweise etwas mehr und sind oft schwieriger zu beschaffen. Leisten Sie sich diesen Luxus wenigstens jetzt!

In jüngster Zeit wird häufiger die Rolle der so genannten »freien Radikale« bei der Entstehung verschiedener »Verschleißerkrankungen«, wie Arthritis, Alzheimer, Arteriosklerose, Herzerkrankungen und auch bei Krebs, diskutiert. Mit dem Ausdruck »freie Radikale« sind freie Sauerstoffatome gemeint. Beim Verbrennen von Nährstoffen in der Zelle, in den so genannten »Mitochondrien«, werden diese Sauerstoffatome freigesetzt. Jeweils zwei davon gehen eine Verbindung ein, die darauf angelegt ist, aus ihrer Umgebung ein Elektron einzubeziehen. Solche »freien Radikale« auf der Suche nach ihrer Ergänzung durch ein Elektron können ganze Zellverbände durcheinander bringen und vernichten. Es handelt sich zunächst um einen natürlichen Vorgang, der unter normalen Bedingungen von der Zelle aufgefangen wird. Werden die Sauerstoffatome jedoch in überhöhtem Ausmaß freigesetzt, so kann die Widerstandskraft der Zelle überfordert sein. Umweltgifte, Zigarettenrauch, UV-Strahlen, zu viel Sport und Stress tragen allesamt zu dieser Überforderung bei, ganz besonders aber der »Dauerstress« einer traumatischen Belastung. Während der gesamten Einwirkungs- und Erholungsphase eines Traumas sind Sie einem erhöhten Risiko ausgesetzt.

Was ist zu tun?

Schonen Sie Ihren Körper. Vermeiden Sie die genannten Schadstoffe, soweit Sie können, vor allem aber, führen Sie sich »Entgifter« zu, welche die Natur in einer solchen Lage erfreulicherweise bereithält: Vor allem *Vitamin C, Vitamin E* und *Selen. Vitamin C* befindet sich erhöht in vielen natürlichen Früchten wie Zitronen, Apfelsinen, roter Paprika, Brokkoli, Sanddorn, der schwarzen Johannisbeere, in Rosenkohl, Kiwi und Erdbeeren. Nehmen Sie täglich 2 bis 3 Gramm Vitamin C zusätzlich. Weiter benötigen Sie eine erhöhte Dosis *Vitamin E,* und zwar ca. 400 Milligramm täglich zusätzlich zu Ihren Vitamin-E-haltigen Nahrungsmitteln wie Weizenkeimöl, Haselnüsse und Sonnenblumenkerne. Den besten Schutz erzielen Sie, wenn Sie die Nährstoffe jeweils in natürlicher Form und als konzentrierten Zusatz zu sich nehmen.

Auch *Selen* ist in natürlichen Lebensmitteln vorhanden und sollte in konzentrierter Form zusätzlich eingenommen werden. Es handelt sich um ein Spurenelement, das freie Radikale neutralisiert, zudem auch Schwermetalle wie Quecksilber, Blei oder Cadmium. Es findet sich in der Kokosnuss, in Steinpilzen, im Bückling, in Weizenkeimen, Sojabohnen, Vollkornbrot, Kohlrabi und Rotbarsch. Wegen eines Zusatzpräparats wenden Sie sich an Ihren Arzt. In der Regel werden nach dem Trauma täglich 100 bis 200 Mikrogramm Selen zusätzlich benötigt.

Die Welt neu ordnen und neue Wege finden

Durch das Trauma wurde eine Welt zerstört. Unser Vertrauen in Natur und Technik wurde erschüttert. Aus vertrauensvollen Menschen werden misstrauische, besonders wenn andere das Trauma verursacht haben, erst recht dann, wenn das mit Absicht geschah. Aus Menschenfreunden werden Menschenfeinde. Eine lebensfrohe Person verwandelt sich in jemanden, der ängstlich und zurückgezogen lebt. Aus einem Menschen, der Mitarbeitern und Freunden vertrauen konnte, wird einer, der Angst bekommt, wenn er nicht alle und alles unter Kontrolle behält. Ein Mensch mit Zukunftsplänen und Visionen wird ein pessimistischer Skeptiker, nur noch bedacht auf die eigene Sicherheit. Eine friedliche und gutmütige Persönlichkeit verwandelt sich in jemanden, der ständig »ausrastet«, schon beim geringsten Anlass. Ein großzügiger und toleranter Mensch wird zum »Rächer«, der nur noch auf Vergeltung sinnt.

Dies sind nur einige der seelischen und schließlich auch charakterlichen Veränderungen, die ein Trauma möglicherweise nach sich zieht. Schwere körperliche Verletzungen, die nur langsam heilen, ja eine dauerhafte Beeinträchtigung und Behinderung kommen bei vielen hinzu. Dann wird es uns noch schwerer gemacht, die seelische Verletzung zu überwinden und unseren eigenen Weg nach dem Trauma zu finden.

Wenn unsere Welt zerstört wurde, können wir versuchen, sie wieder zu errichten, neu und anders als zuvor. Künstlerische Schöpfungen bilden seit vorgeschichtlicher Zeit ein Mittel der Traumaverarbeitung beim Menschen. Im Kunstwerk bringen wir unser inneres Erleben zum Ausdruck, in der modernen Kunst auch Zerstörung, Aggression und Verwüstung, nicht nur Schönheit und Harmonie. Und gerade die Darstellung von Verwüstung lässt uns nach Wegen suchen, sie zu überwinden. So regen Künstler, die in ihrem Werk keinen Hinweis auf eine »Lösung«, auf »das Gute«, das »Positive« hinterlassen, den Betrachter zum Nachdenken und zur kreativen Suche nach einem Ausweg an. Der menschliche Geist lebt nicht nur von Harmonie und Schönheit. Er bewährt seine Schöpferkraft auch und gerade in der Zerrissenheit.

Das haben die weisen Menschen wohl zu allen Zeiten gewusst und auf verschiedene Weise zum Ausdruck gebracht. Ein Beispiel sind die Schamanen, die man als »Traumatherapeuten« der Urvölker in verschiedenen Regionen der Welt bezeichnen kann, zum Beispiel in Sibirien. Sie tanzen sich in einen ekstatischen Zustand der »Auflösung« hinein, der an eine psychotische Erkrankung erinnert. Aus dieser Verfassung heraus begibt der Schamane sich auf eine innere Reise durch die Unterwelt. Wenn er von ihr zurückkehrt, kann er nicht nur seine »zerstückelten Glieder« wieder zusammenfügen, sondern verfügt auch über eine höhere seelische Gesundheit und Weisheit, gestärkt durch seine extreme

Erfahrung. Nach allgemeiner Auffassung des Stammes verfügen die Schamanen nach ihrer »Initiation«, ihrer Reise durch die Unterwelt, über besondere Heilkräfte. Jetzt können sie andere Menschen durch die »Todeszone« ihrer extremen Erschütterung und Verunsicherung begleiten und helfen ihnen dabei, sich wieder »neu zusammenzusetzen« und ein neues, oft erfüllteres Leben zu führen. Der Philosoph Georg Wilhelm Friedrich Hegel hat dieses »Stirb und Werde«, das den menschlichen Geist ausmacht, diesen Gang durch die »Todeszone« der Seele, mit dichterischen Worten beschrieben: »Der Tod … ist das Furchtbarste und das Tote festzuhalten, das was die größte Kraft erfordert. Die kraftlose Schönheit hasst den Verstand, weil er ihr dies zumutet, was sie nicht vermag. Aber nicht das Leben, das sich vor dem Tode scheut und von der Verwüstung rein bewahrt, sondern das ihn erträgt und in ihm sich erhält, ist das Leben des Geistes. Er gewinnt seine Wahrheit nur, indem er in der absoluten Zerrissenheit zu sich selbst findet.«[5]

Hier wird gesagt, dass der menschliche »Geist«, ein anderer Ausdruck für unsere natürliche Kraft zur Selbstheilung, sich gerade in der »absoluten Zerrissenheit« bewährt, wie zum Beispiel beim Trauma. Nicht flacher Optimismus und Gesundbeterei helfen uns in solchen Grenzsituationen weiter, sondern unsere Fähigkeit, aus der schweren Erschütterung unserer Welt heraus wieder zu uns selbst zu finden. Geist und Natur werden manchmal als Gegensatz, ja als unvereinbar angesehen. Für Hegel und andere weise Menschen bilden sie zumindest keinen absoluten Gegensatz. Der menschliche Geist ist nach Hegel die ihrer selbst bewusst gewordene Natur. Durch unser Bewusstsein wird sich unsere menschliche Natur ihrer selbst bewusst, wird »selbst-bewusst«. Umgekehrt kann das Selbstbewusstsein durch Rückgang in die Natur seine verlorenen Grundlagen wiederfinden und seine Erschütterung überwinden.

Diese Rückbesinnung auf die eigene Natur, wie sie in diesem Buch durch viele Übungen angeregt wird, kann das Trauma überwinden. Sie führt zugleich zu überraschenden, »dialektischen« Lösungen, die unserer natürlichen Heilkraft entspringen.

»Ich habe gemerkt, dass ich mich auf Unsicherheit einstellen

und mit ihr leben kann, also kann ich mich wieder sicher fühlen.«
Zu dieser Lösung gelangte eine Frau im mittleren Lebensalter, die
nach einem Banküberfall und einer bedrohlichen Geiselnahme
längere Zeit unter schweren Ängsten litt und ihren Arbeitsplatz
nicht mehr betreten konnte: sich sicher fühlen durch Einbezug der
Unsicherheit, ja der Lebensbedrohung, der sie ausgesetzt war. Hatte sie sich einfach an die Bedrohung gewöhnt? Schwer denkbar.
Denn an eine Bedrohung des Lebens, die ja auch für die Zukunft
nicht völlig auszuschließen ist, kann man sich kaum »gewöhnen«.
Eher hat eine Umkehr im Denken und Fühlen stattgefunden.
Bestand ihre Sicherheit früher in der Gewissheit, dass lebensbedrohliche Ereignisse nicht vorkommen oder wenn doch, dann vielleicht »irgendwann« einmal, nicht jetzt, so wurde diese Möglichkeit durch den Banküberfall inzwischen zur bitteren Gewissheit.
Jetzt liegt die Bedrohung in der Vergangenheit, sie wurde überlebt
und vermittelt gerade dadurch ein neues Gefühl von Sicherheit,
»Abweichungen« vom normalen Leben vielleicht auch in Zukunft
überleben zu können.

Dialektische Lösungen dieser Art lassen sich nicht trainieren.
Daher schlagen wir in diesem Buch keine Übung zu »kognitiver
Umstrukturierung« oder gar ein »Lösungstraining« vor. Es geht
nicht darum, sich Lösungen einzureden und »positiv zu denken«.
Außenstehende können uns leicht mit klugen Ratschlägen versor-
gen. Wenn wir gut vorbereitet sind, finden wir die Lösung selbst.
Sie steigt aus unseren Träumen auf, breitet sich in unserem Leben
aus. Und dann trägt sie uns weiter. Wir können unser Leben
darauf aufbauen. Eine Denkübung und »Selbstinstruktion« ist
zu schwach, auch wenn wir sie mit suggestiven Mittel zu »ver-
ankern« suchen.

Bei Gewalttaten, insbesondere solchen, die mit einer längeren
zeitlichen Abhängigkeit vom Täter verbunden sind, kann die
Erkenntnis in uns aufsteigen, dass wir uns im Nachhinein gegen
den Täter wehren können, wenn wir jetzt die »psychische Opferrolle« verweigern. Real war keine Gegenwehr möglich oder sie
reichte nicht aus. Aber der Täter wollte ja nicht (nur) den Leib,
sondern vor allem auch unsere Seele beherrschen. Und hier kön-

nen wir ihn ins Leere laufen lassen, wenn wir uns auf uns selbst besinnen. Dann kehrt das Gefühl zurück »Ich bin Ich«. Jetzt entdecken wir vielleicht, dass wir bislang auch im psychologischen Sinne sein Opfer waren: dass es dem Täter gelungen war, uns seine Probleme aufzuzwingen, uns seine Ängste fühlen zu lassen, die Ängste, die er bei sich selbst nicht ertrug. Er war entlastet und ihm ging es gut, solange wir litten. Indem wir das Trauma überleben, geben wir es dem Täter zurück.

Darin besteht das Ziel von Traumaverarbeitung und Traumatherapie, den entscheidenden Schritt *vom Opfer zum Überlebenden* des Traumas zu tun, Überleben allerdings nicht nur in der äußeren Bedeutung, die Bedrohung lebend überstanden zu haben. Sondern darin, sich wieder *lebendig* zu fühlen, wieder das eigene Leben zu leben und weder physisch noch seelisch sich weiter in der Gewalt des Täters zu befinden oder von der Katastrophe abhängig zu bleiben. »Überleben« in diesem Sinne ist die Unabhängigkeitserklärung an das Trauma. In dieser seelischen Bewegung wird das Trauma »aufgehoben«.

»Aufheben« hat hier die dreifache dialektische Bedeutung von

1. auslöschen
2. aufbewahren
3. emporheben.

Erst wenn diese drei Bedeutungen zusammenkommen, wird das Trauma wirklich überwunden. Es wird »ausgelöscht« und bestimmt damit unser Leben nicht mehr. Im Gedächtnis aber wird es »aufbewahrt«. So können wir aus der Erfahrung lernen und aus ihr unsere Konsequenzen ziehen für unser weiteres Leben. Das wiederum ist nur möglich, wenn wir, wie in einem Computerspiel, eine »höhere Ebene« betreten und die traumatische Erfahrung »emporheben« bzw. sie »überschreiten«. Dann können wir Gegensätze miteinander verbinden, die sich bisher absolut ausgeschlossen haben. Wie lässt sich ein Gefühl von Sicherheit wiedergewinnen nach dieser extremen Gefährdung? Wie kann ich leben und mich sogar wohl fühlen, wenn ich weiß, dass ich an einer tödlichen Krankheit leide und in absehbarer Zeit sterben muss? Wie kann ich meine innere Balance wiederfinden mit einem

Körper, der nach einem Unfall behindert oder entstellt ist? Wie kann ich noch einem Menschen vertrauen, wenn mein Partner, der mir am nächsten steht, zu gefährlichen Gewalttaten fähig ist? Wie noch einen Sinn im Leben sehen, wenn ich einen Menschen verloren habe, der wie ein Teil von mir war?

Wer sich krampfhaft um eine »Lösung« bemüht, findet meist keine, wie wir aus der Praxis wissen. Lassen Sie sich Zeit. Unsere innere Natur, die zu dieser Lösung fähig ist, lässt sich nicht drängen. In Form von körpereigenen Opiatstoffen hält sie sogar für Schwerkranke und Sterbende ihren Trost bereit. Eine tragfähige Lösung bahnt sich meist an, wenn wir sie gar nicht suchen und nicht (mehr) erwarten. Aktiv können Sie günstige Bedingungen schaffen, zum Beispiel, wenn Sie diejenigen Übungen in diesem Buch machen, die zu Ihnen passen, oder eigene Übungen entwickeln bzw. Ihre persönlichen Übungen weiterentwickeln. Die Lösung stellt sich ein, wenn die »Zeit dafür reif ist«. Zeit allein heilt nicht die Wunden. Aber unsere »persönliche Zeit« ist der Rhythmus, in dem wir uns an das Trauma wieder annähern können. Wenn wir uns stärker fühlen und sicher sind, vom Schrecken nicht mehr überflutet zu werden, können wir uns der früher unerträglichen Erinnerung schrittweise wieder nähern, dieses Mal jedoch aktiv und in dem Bewusstsein, dass uns die Begegnung mit dem Schrecklichen aus der Vergangenheit sogar stärken kann, wenn wir endlich den Ausweg gefunden haben aus der »Traumafalle«.

Oft verbindet sich Traumaverarbeitung mit einem Rückzug hin zu sich selbst und auch mit dem Rückzug aus sozialen Kontakten. Das ist ein ganz normaler Vorgang. Wer geistige »Schwerarbeit« leistet, wie es eine Auseinandersetzung mit der Vergangenheit und die Neuordnung unserer Welt nun einmal sind, hat weniger Energien für sein alltägliches Leben bereit. Freunde und nahe Angehörige können diesen Rückzug freundlich begleiten. Am meisten helfen sie uns, wenn sie uns die Gewissheit geben, einfach für uns da zu sein, wenn wir sie brauchen. Und uns wieder in das alltägliche Leben aufzunehmen, wenn wir so weit sind, wieder »in die Welt zurückzukehren«. Diese Toleranz und Unterstützung hilft allen. Wie Schamanen von ihrer »Jenseitsreise«[6] bringen Trauma-tisierte, die ihr Trauma verarbeiten konnten, oft eine tiefe Weisheit von ihrer »Reise« mit. Sie haben gelernt, Bedingungen zu über-leben und mit ihnen umzugehen, vor denen wir alle zurück-schrecken. Erfahrungen aus einer solchen Extremsituation können anderen Menschen, die in ihrem Leben keine so starken Schick-salsschläge hinnehmen mussten, helfen, mit ihrem eigenen, ge-wöhnlich ja ebenfalls mühsamen Leben besser zurechtzukommen.

Lassen Sie sich Zeit mit weitreichenden Lebensentscheidungen. Wenn Sie von der »Traumareise« wieder zurückgekehrt sind, kann es sein, dass Entscheidungen notwendig werden. Sie sollten aber von der neuen Lösung aus getroffen werden, nicht während der Verarbeitungskrise. Viele Traumabetroffene versuchen, ihre äuße-re Umgebung zu verändern, um ihr seelisches Gleichgewicht wie-derzufinden. Gewaltopfer wechseln mehrfach die Wohnung und sogar den Wohnort, um sich in Sicherheit vor dem Täter zu brin-gen. Tun Sie alles, was Sie können, für Ihre äußere Sicherheit. Aber achten Sie auf die Grenze, an der es nicht mehr um die äußere, sondern um die »innere« Sicherheit geht.

Frauen, die vergewaltigt wurden, trennen sich von ihrem Part-ner, weil dieser »auch ein Mann« ist und die sexuelle Intimität mit ihm Erinnerungen an das Verbrechen wachruft. So wird versucht, dem Kampf um die »innere Lösung«, das »recreating life«, um die »Neuerschaffung« der Welt nach ihrer Erschütterung durch eine »äußere Lösung« zu entgehen. Prüfen Sie sorgfältig, ob Ihre äuße-re Lebensentscheidung zweckmäßig ist und ob sie von der neuen, sicheren Grundlage aus getroffen wird, wenn Sie die wichtigsten Folgen des Traumas verarbeitet haben.

Leider wird die freie Entscheidungsmöglichkeit Traumabetrof-fener nicht selten durch problematisches Verhalten von Behörden behindert, die eigentlich das Interesse der Opfer im Auge haben sollten. Das Unfallopfer findet sich mit dem Unfallverursacher zusammen auf der gleichen Station im Krankenhaus wieder. Wir haben schon das Beispiel erwähnt, dass manche Richter und Staatsanwälte die Adresse des Opfers an den Gewalttäter bzw. sei-nen Rechtsanwalt weitergeben. Das *Deutsche Institut für Psy-*

chotraumatologie hat sich wiederholt gegen diese Praxis gewandt, da sie das Sicherheitsgefühl des Opfers untergräbt. Unser Tipp trotz allem: Machen Sie beispielsweise eine Entscheidung, Ihre Wohnung zu wechseln, nicht von einem solchen Vorkommnis abhängig. Lassen Sie sich von einem Polizeibeamten in Fragen Ihrer Sicherheit beraten und konzentrieren Sie sich auf Ihre Erholung und Gesundung. Sie haben alles Recht dazu.

3 Unfälle, Gewalterfahrung, Naturkatastrophen – spezielle traumatische Situationen und ihre typischen Folgen

In diesem Kapitel gehen wir auf sehr unterschiedliche traumatische Ereignisse ein, die einem Menschen begegnen können. Welche typischen Folgen haben sie? Was kann man dagegen tun? Vielleicht sind Informationen über eine traumatische Erfahrung darunter, von der Sie persönlich betroffen sind. Falls es Sie nicht betrifft, überspringen Sie einfach den betreffenden Punkt. Konzentrieren Sie sich ausschließlich auf Informationen, die unmittelbar für Sie selbst von Bedeutung sind. Wenn Sie selbst betroffen sind, müssen Sie sich nicht mit dem Leid anderer Menschen noch zusätzlich belasten, jedenfalls nicht, solange Ihre eigene gefühlsmäßige Verwirrung und Erschütterung anhält.

Absichtsvoll hervorgerufene Schäden. Verletzungen, die von Menschen absichtsvoll hervorgerufen werden, erschüttern unser Selbst- und Weltverständnis wohl am stärksten. Im Extrem gehört dazu die Folter, die trotz Ächtung durch die Vereinten Nationen auch heute noch in 91 Ländern angewandt wird. Das ist die Hälfte der Länder der Welt. Aber auch Gewaltverbrechen aus persönlichen oder »politischen« Motiven erschüttern unser Bild, das wir von unseren Mitmenschen haben. Wenn wir selbst davon betroffen sind, stehen wir meist fassungslos einem solchen Geschehen gegenüber.

Viele Opfer bemühen sich, den Täter zu »verstehen«, und hoffen, dass er Einsicht in die Folgen seiner Tat entwickelt. Nicht so deutlich sichtbar wie bei der Folter, aber ebenfalls sehr wirksam, können Mobbing-Täter Verwirrung und Schäden bei ihren Opfern hervorrufen. Unter Mobbing verstehen wir in erster Linie »Psychoterror am Arbeitsplatz«, aber auch die Verfolgung von rassischen und anderen Minderheiten gehört hierher. Der Ausdruck kommt von Mob, was so viel bedeutet wie Pöbel. Mobben heißt dann, jemanden anpöbeln. Manche Mitarbeiter in der Arbeitswelt scheinen sich darauf spezialisiert zu haben, Intrigen zu spinnen und Kollegen oder auch Vorgesetzte und Untergebene zu »mobben«. Wie auch immer ein solches Verhalten, seinen Mitmenschen absichtlich und systematisch Schaden zuzufügen, beim einzelnen Täter zu erklären sein mag, wichtig ist die Reaktion der menschlichen Gemeinschaft darauf. Werden ein Betrieb, ein Staat oder auch eine überstaatliche Organisation mehrheitlich von seelisch gesunden Menschen bestimmt, so wenden sich diese Einrichtungen wirksam gegen den Terror, den Täter oder Tätergruppen gegen einzelne Personen oder wehrlose Minderheiten verüben. In einem gesunden Staat sind das Recht und die Gefühle der Bevölkerung auf Seiten der Opfer.

Werden soziale Einrichtungen mehrheitlich von seelisch kranken Personen bestimmt, dann kehren sich die Verhältnisse um. Diktatoren, Massenmörder und Folterer haben dann das Recht auf ihrer Seite. Ihr Terror wird nicht nur als notwendig, sondern als Wohltat, sogar für die Opfer, hingestellt. Und die Opfer werden beschuldigt, die eigentlichen Täter zu sein. Solange solche Verhältnisse bestehen oder im Nachhinein gerechtfertigt werden, ist Trauma die Normalität. Dann kann es für einzelne Betroffene fast unerträglich schwierig werden, ihr persönliches Trauma zu verarbeiten. Die seelischen Wunden können dann nicht verheilen, die Gewalt wird weitergegeben, oft über Generationen hinweg.

Unfälle und Naturkatastrophen. Katastrophen, Unfällen und Erkrankungen liegt keine böse menschliche Absicht zugrunde. Es handelt sich um Schicksalsschläge, um die Auswirkung »höherer Gewalt« oder um »menschliches Versagen«. Hier werden wir nicht so sehr in Zweifel gestürzt über die Vertrauenswürdigkeit unserer Mitmenschen. Erschüttert hingegen wird der Glaube an die Sicherheit unserer Umwelt und die Beherrschbarkeit der Technik. Dennoch haben die einzelnen Betroffenen an ihrem Leid persönlich oft ebenso schwer zu tragen wie die Opfer von Gewalt und von absichtlich hervorgerufenen Schäden.

Wie wirkt sich eine bestimmte traumatische Erfahrung aus und welche Folgen treten typischerweise in Erscheinung? Diese Frage eröffnet ein »weites Feld«, und die Forschung ist eben erst dabei, den Zusammenhang zwischen speziellen traumatischen Situationen und ihren typischen Kurz- und Langzeitfolgen zu untersuchen.[7] Wir geben im Folgenden einen kurzen Überblick über einige der häufigsten traumatischen Erfahrungen und ihre Folgen.

- *Negative Intimität.* Hier wurde bei einem Verbrechen die Intimsphäre des Opfers überschritten. Beispiele sind Vergewaltigung, sexueller Kindesmissbrauch, sexuelle Folter, also bestimmte Foltertechniken, bei denen sexuelle Praktiken, z. B. Vergewaltigung, gezielt eingesetzt werden, sexueller Missbrauch in Psychotherapie und Psychiatrie. Bei den Opfern ruft dies ein Gefühl des Ekels und der Beschmutzung hervor. Der Ekel geht oft mit dem Drang einher, sich übergeben zu müssen.
- *Verlust und Trauer.* Wenn nahe Angehörige oder geliebte Personen durch Tod verloren werden, ist heftige, lang anhaltende Trauer zu erwarten. Tritt der Tod plötzlich ein, steht am Anfang Starre und Fassungslosigkeit. Jetzt folgt eine Phase der Verleugnung, wir wollen den Verlust nicht wahrhaben. Oder wir klammern uns an jede noch so unwahrscheinliche Hoffnung, dass sich die schlimme Nachricht oder Befürchtung doch nicht bestätigen möge. Dringt dann die Realität des Verlusts ein, so werden wir von einer Welle des Schmerzes ergriffen. Viele sind äußerst verzweifelt, manche erleben auch Wut auf den Toten, weil er uns verlassen hat. Solche mehr »irrationalen« Gefühle können sich einige Betroffene persönlich schwer zugestehen. Sie widersprechen unserer Vernunft, sind aber völlig normal, weil sich unsere Gefühle bekanntlich nicht nach der Logik richten. Über die Toten nur Gutes! Auch dieser Satz entspricht nicht immer unseren Gefühlen. Denn mit der Wut über unsere eigene »Verlassenheit« können auch Vorwürfe gegen den Toten in uns auftauchen wegen allem, was er im Leben vielleicht versäumt haben mag.
Nicht-wahrhaben-Wollen und Trauerschmerz wechseln sich ab wie Wellen, die kommen und gehen. Oft gibt erst der Anblick des Toten die letzte Gewissheit, dass er wirklich von uns gegangen ist. Wenn die Leiche nicht entstellt ist, ist der direkte

Anblick im Allgemeinen hilfreich, um uns verabschieden zu können und diesen Abschied auch wirklich, auf einer gewissermaßen körperlichen Ebene, zu verstehen. Die Trauer kann lange anhalten, und wir sollten uns und anderen einen angemessenen Zeitraum zugestehen. Das »Witwen-Jahr«, das in manchen, meist ländlichen Regionen noch üblich ist, gibt eine Vorstellung davon, wie lange es dauern kann, bis wir den Tod einer nahe stehenden, geliebten Personen wirklich verschmerzt haben.

- *Verlust und »Beraubung«.* Weiter kompliziert werden kann Trauer, wenn wir den Tod sehr nahe stehender Personen erleben, als sei ein Stück von uns selbst dabei verloren gegangen, wie in dem Soldatenlied »Ich hatt' einen Kameraden«. Dort heißt es:

> »Eine Kugel kam geflogen,
> galt sie mir oder galt sie dir?
> Sie hat ihn weggerissen,
> er liegt vor meinen Füßen,
> als wär's ein Stück von mir.«

Der Verlust des anderen verbindet sich mit einem »Selbst-Verlust«. Ein Teil von uns ist mit gestorben. Dieser Teil kann wieder lebendig werden. Wir müssen uns unser Selbstgefühl und Selbstbewusstsein, oft mühsam, gleichsam aus dem »Totenreich« wieder zurückholen. Dann strömt die Energie zu uns zurück, und wir können uns wieder wertvoll und lebendig fühlen. Der Wendepunkt, das *neue Leben,* nach dem Trauma tritt ein, wenn innerlich die Trennung von der geliebten Person vollzogen wird. Dann finden wir unsere eigenen Kräfte wieder und können trauern um das, was wir unwiederbringlich verloren haben.

- *Viktimisierung (von victim = Opfer).* Hier fühlt sich das Opfer als Verlierer, beleidigt, erniedrigt und herabgesetzt. Auch die Öffentlichkeit spricht oft nur vom Täter, manchmal wie von einem Helden. Das Opfer wird wie ein Verlierer betrachtet. Hier ist wichtig, sich deutlich zu machen, dass Opfer nicht Verlierer sind. Geschändet hat der Täter die Menschenwürde des Opfers.

- *Angst und Erregung.* Diese Traumafolge kommt sehr häufig vor und wurde schon beim psychotraumatischen Belastungssyndrom besprochen. Hören Sie auf die Ängste, die Ihr Körper zum Ausdruck bringt. Versuchen Sie die Wachsamkeitsübung (S. 74 f.). Viele Betroffene können sich danach besser beruhigen. Dann fallen oft auch die Übungen zur Distanzierung und Beruhigung leichter.

- *Todesnähe.* Die Erfahrung von Todesnähe führt uns das Lebensende unmittelbar vor Augen. Auch wenn die Lebensgefahr vorüber ist, besteht oft die Befürchtung, manchmal sogar die Gewissheit fort, das Leben könne augenblicklich enden. Es ist, als ob die »Ozonschicht« unserer Schutzillusionen verloren wäre. Nehmen Sie diese »irrationale« Angst ernst. Gehen Sie die Wahrscheinlichkeit durch, dass weiterhin Lebensgefahr besteht. Beobachten Sie die einzelnen Situationen, die Ihnen besonders bedrohlich erscheinen. Manchen Personen hilft es, die Wachsamkeitsübung auf lebensbedrohliche Situationen auszudehnen. Oft tritt, wenn die Ängste und beängstigenden Situationen aufgelistet und überprüft wurden, Beruhigung und Erholung ein. Eine kreative Lösung, zu der manche Opfer oder Patienten mit einer lebensbedrohlichen Erkrankung gelangen, ist eine Neubewertung der Zeit. Die verbleibenden Minuten, Stunden und Tage können umso wertvoller empfunden werden, gerade weil sie »gezählt« sind.

- *Mobbing – Psychoterror am Arbeitsplatz.* Die Forschung zu diesem Thema hat keine »typische Persönlichkeit« ergeben, die andere zum Mobbing reizt. Vielmehr kann jeder betroffen sein: der eine, weil er den Neid der Kollegen auf sich zieht oder jemandem »im Weg steht«, der andere wegen irgendwelcher negativer oder auch positiver persönlicher Eigenheiten. Mobbing wirkt gesundheitsschädlich, wenn die feindseligen Attacken länger als ein halbes Jahr fortgesetzt werden. Dann können Schlafstörungen, Depressionen, Reizbarkeit und Wutausbrüche, Konzentrationsschwierigkeiten, Kopf-, Rücken-

und Nackenschmerzen auftreten. Nicht selten stehen Arbeitsunfähigkeit und Frühberentung am Ende der Mobbing-Attakken. Mobbing verursacht jährlich einen wirtschaftlichen Schaden in Milliardenhöhe.

Während in Schweden die Problematik seit langem ernst genommen und auch schon frühzeitig erforscht wurde, bildet sich in Deutschland erst allmählich ein angemessenes Problembewusstsein heraus. Vergleicht man die typischen Folgen zwischen verschiedenen europäischen Ländern, so leiden die Opfer in Deutschland am stärksten unter Depressionen, möglicherweise deshalb, weil sie sich in besonderem Maße allein gelassen fühlen. Betriebsleitung, Personalrat oder besondere Beauftragte sollten regulierend eingreifen, das Opfer schützen und den oder die Täter unter Kontrolle bringen. Betroffenen hilft es oft, wenn sie sich in einer Selbsthilfegruppe über ihre Erfahrung austauschen können. In Betrieben oder größeren Einrichtungen können Gesundheits- und Qualitätszirkel gebildet werden. Dies ist ein Kreis von Mitarbeitern aus verschiedenen Ebenen des Betriebs, der sich systematisch mit Konflikten befasst und Maßnahmen ergreift, um das Betriebsklima zu verbessern. Trennung der Arbeitsbereiche von Tätern und Opfern ist eine wichtige Maßnahme und hilft den Opfern, in unbelastete Arbeitsverhältnisse zurückzukehren. Auch Vorgesetzte können Opfer von Mobbing werden. In der Bevölkerung ist eine Bewusstseinsänderung nötig. Allzu oft findet man noch die Haltung, sich in »private Auseinandersetzungen« möglichst nicht einmischen zu wollen. Oft wird das Opfer für »aggressiv« erklärt, wenn es sich gegen die Übergriffe wehrt. Mobbing-Situationen sind für die Opfer meist eine Zwickmühle. Wehren sie sich, wird dies gegen sie ausgelegt, wehren sie sich nicht, geht der Terror weiter. Daher sollten rechtzeitig dritte Instanzen in den Konflikt einbezogen werden oder sich ihrerseits einschalten.

- *Arbeitslosigkeit.* In den Industrieländern werden die Menschen dahin erzogen, dass sie ihren Selbstwert aus ihrer persönlichen Leistung und aus der Bezahlung ableiten, die sie dafür erhalten. Arbeitslose kämpfen daher oft mit Selbstwertproblemen. Sie zweifeln an sich, ob sie nicht Fehler begangen und die Arbeitslosigkeit selbst verschuldet haben. Natürlich kommt auch das vor. Im Allgemeinen sind diese Personen jedoch nicht weniger qualifiziert und nicht weniger befähigt als andere, die Arbeit haben. Das Schicksal ereilt die allermeisten zufällig, wenn eben Arbeitsplätze »wegrationalisiert« oder Betriebe geschlossen werden. Wichtig ist, dass Personen in dieser Lage sich von der Vorstellung befreien, unser menschlicher Wert hänge allein oder überwiegend von der (bezahlten) Arbeitsleistung ab. Auch der immer wiederholte Misserfolg bei Bewerbungen stürzt viele mit der Zeit in eine deprimierte Verfassung. Dann können sich Störungen entwickeln, wie sie für Traumata kennzeichnend sind: Verzweiflung, Erschöpfung, Gefühle von Erniedrigung und Wertlosigkeit, schließlich Verlust der Hoffnung.

So wird ein Teil unserer Gesellschaft krank, weil er nicht arbeiten kann, ein anderer, weil er sich überarbeitet. Hier sind wir alle aufgerufen, nach politischen und sozialen Lösungen zu suchen und diese zu verwirklichen. Die Betroffenen können sich der »Krankheitsspirale« entziehen, wenn es ihnen gelingt, alle Möglichkeiten einer sinnvollen Betätigung auszunutzen. Dann stellen sich allmählich eigene Maßstäbe ein, an denen die persönliche Leistung und der persönliche Wert bemessen werden. Wichtig zur Vorbeugung gegen seelische Folgeschäden sind Tagesrituale und Körperübungen. Wenn die Seele erkrankt, erkrankt meist auch der Körper. Körperliche Betätigung vermittelt uns aber auf einer ganz elementaren Ebene das Gefühl, gebraucht zu werden und wertvoll zu sein.

- *Politische Verfolgung und Gewalt.* Verfolgt zu werden wegen einer politischen oder weltanschaulichen Überzeugung, ethnischen Zugehörigkeit oder gar wegen Hautfarbe und »Rasse«-Merkmalen ist weltweit einer der häufigsten Anlässe für schwere und schwerste psychische Traumatisierung. Diese steigert sich ins Extrem, wenn Folter hinzukommt. Die zivilisierten und demokratischen Länder haben heute die Folter abgeschafft und geächtet. Sie bieten politisch Verfolgten Asyl. Dies erfordert einen besonderen Rahmen, falls psychische Traumatisierung vorliegt. Wenn ein psychotraumatologisch vorgebildeter Gutachter die Traumatisierung und ihre Folgen bestätigt, sollte den Betroffenen ein längeres Aufenthaltsrecht im Asylland eingeräumt werden. Seelische Verletzungen können nicht heilen unter der Drohung, wieder in ein Land »abgeschoben« zu werden, in dem erneute Verfolgung und eventuell sogar Folter warten.

• *Das Trauma der Helfer.* Polizisten, Mitarbeiter von Rettungsdiensten, Soldaten in humanitären Einsätzen, Ärzte und Pflegepersonal auf einer Intensivstation haben ein erhöhtes Risiko für Erschöpfungszustände, die sich aus Stress und Trauma ergeben. Mit der Zeit kann ein so genanntes »burn-out-Syndrom« entstehen, wörtlich übersetzt: »Ausgebranntsein« durch die berufsbedingte Belastung. Die einen treten die »Flucht nach vorn an« und melden sich zu immer härteren Einsätzen. Andere stumpfen gefühlsmäßig ab oder helfen mit Medikamenten oder Alkohol nach, um die belastenden Erinnerungen loszuwerden. Bekannt ist auch die hohe Scheidungsrate von Polizisten in psychisch belastenden Einsatzbereichen. Die Krise in der Partnerschaft entsteht nicht nur aus der zeitlichen Belastung, sondern auch aus der Schwierigkeit, die schlimmen Erlebnisse noch nach Dienstschluss verarbeiten zu müssen. Der Partner oder die Partnerin nimmt in diesem Sinne an den Einsätzen teil und trägt die seelischen Lasten mit. Im Krimi lautet die klassische Frage: »Bist du nun mit deinem Beruf verheiratet oder mit mir?« Der Kommissar fühlt sich aufgerieben zwischen den Ansprüchen seiner Partnerin und dem Beruf. Konflikte mit Vorgesetzten oder mit den Kollegen kommen oft noch hinzu. Haben wir im Beruf Aufgaben zu bewältigen, die gar nicht zu leisten sind, überschatten die beruflichen Spannungen meist noch das private Leben.

Die Anwort heißt: Erwarten Sie von sich keine unmöglichen Leistungen. Lernen Sie, mit der Unvollkommenheit zu leben. Im Rettungseinsatz oder auf der Intensivstation stirbt der Patient; Hilfe in Katastrophengebieten ist nur unvollkommen möglich; der Täter triumphiert. Solche Misserfolge sind oft schwerer zu ertragen als die härtesten Einsätze. Ebenso wie Katastrophenopfer leiden auch Traumahelfer unter Schuldgefühlen. Lernen Sie mit der Unvollkommenheit zu leben. Oft liegt auch hier das veränderte Zeiterleben vielen Vorwürfen zugrunde, die wir an uns selber richten (vergleichen Sie dazu S. 12 ff.). Nutzen Sie die Anregungen in diesem Buch, um sich Ihr eigenes Erholungsprogramm zusammenzustellen. Beziehen Sie Ihren Partner oder Ihre Partnerin in die Lektüre dieses Buches ein. Vergessen Sie nicht, die Zeit für Ihr gemeinsames Gespräch über belastende Ereignisse zu begrenzen. Dann kann das Gespräch entlastend und klärend wirken. Die traditionelle Vereinbarung, zu Hause niemals über berufliche Probleme zu reden, funktioniert nicht. Wenn wir nicht über sie sprechen können, schlagen belastende Erlebnisse umso nachhaltiger auf unsere Stimmung durch, und davon sind auch unsere Partner betroffen.

Warnsignale für traumatische Ereignisse

Welche Ereignisse können in besonderer Weise zu seelischen Verletzungen führen? Die folgende Aufzählung können Sie nach Art einer »Checkliste« verwenden, um bei sich oder bei Ihren Bekannten und Freunden näher hinzuschauen:
- Gefahr für Leib und Leben oder subjektiv erlebte Lebensbedrohung
- Schwere körperliche Verletzung
- Absichtsvoll verletzt oder geschädigt worden zu sein
- Konfrontation mit entstellten oder verstümmelten menschlichen Körpern
- Plötzlicher oder gewaltsamer Tod einer geliebten Person
- Zusehen oder davon erfahren, dass einer uns nahe stehenden Person Gewalt angetan wurde
- Einem giftigen Stoff ausgesetzt sein bzw. hiervon erfahren
- Tod oder schwere Verletzung eines anderen Menschen verursacht zu haben[8]

Der zuletzt genannte Fall wird in seiner Brisanz oft verkannt. Wer den Tod eines anderen Menschen, zum Beispiel bei einem Verkehrsunfall, verursacht hat, wird von anderen oft wie ein Täter behandelt. Dabei neigt er sich selbst gegenüber schon zu heftigen Vorwürfen, die durch die Wahrnehmungstäuschung des veränderten Zeiterlebens weiter verschlimmert werden (S. 12 ff.). Solche Einflüsse können sich leicht zu einer »Negativspirale« verbinden, die in ein »psychotraumatisches Belastungssyndrom« mündet.

4 Kindern helfen

Dieser Abschnitt ist für Eltern geschrieben, deren Kinder von belastenden Erlebnissen betroffen sind oder die einer belastenden Maßnahme entgegensehen, wie zum Beispiel einer Operation. Natürlich kann das Kapitel auch für Lehrer, Erzieher oder andere Erwachsene von Interesse sein, denen Kinder anvertraut sind oder die mit ihnen in näherem Kontakt stehen. Wenn Sie sich in der Auseinandersetzung mit einer eigenen traumatischen Erfahrung befinden und dies alles nicht auf Sie zutrifft, überspringen Sie das Kapitel einfach. Für Sie geht es zunächst darum, die eigene Ruhe und Balance wiederzufinden. Informationen über Trauma bei Kindern könnten Sie noch zusätzlich beunruhigen. Wenn Sie Interesse haben, können Sie zu einem späteren Zeitpunkt das Kapitel lesen. Falls Sie eigene Kinder haben, nehmen Sie aber bitte in jedem Falle **unseren Tipp** in diesem Abschnitt zur Kenntnis.

Wir wissen heute, dass Traumatisierung im Kindesalter in aller Regel schwerwiegende Kurz- und Langzeitfolgen nach sich zieht. Die wichtigsten ähneln dem psychotraumatischen Belastungssyndrom bei Erwachsenen. Vier Merkmale lassen sich unterscheiden:

1. Wiederkehrende, sich aufdrängende Erinnerungen.
2. Sich ständig wiederholende Verhaltensweisen. Im »traumatischen Spiel« wiederholen Kinder beständig das traumatische Ereignis. Die Kinder haben oft kein Bewusstsein von dem Zusammenhang zwischen Spiel und Ereignis.
3. Ängste. Diese richten sich auf die traumatische Situation und tauchen immer wieder auf, wenn etwas an das Trauma erinnert.
4. Veränderte Einstellung zu Menschen, zum Leben und zur Zukunft. Verlust des Vertrauens und negative Erwartungen an das Leben.

Nicht alle Kinder sprechen über belastende Erlebnisse. Sie zeigen jedoch nach dem Trauma Verhaltensweisen, die vorher nicht zu beobachten waren. Viele wirken deprimiert und teilnahmslos oder werden übertrieben aktiv (»hyperaktiv«) und tyrannisch. Nachdem sie der unkontrollierbaren Situation des Traumas ausgeliefert waren, streben sie jetzt danach, in ihrer Umgebung alles unter Kontrolle zu halten und zu »kommandieren«, sogar ihre Eltern. Hieraus können sich weitere Komplikationen und Konflikte ergeben, die zum Trauma dann noch hinzukommen.

Traumata werden bei Kindern durch ähnliche Ereignisse verursacht wie bei Erwachsenen auch. Durch Unfälle, Katastrophen, Kriegserfahrungen, Gewalterfahrung, plötzlichen Tod von Angehörigen usw., zudem durch gewalttätige, psychisch kranke oder alkoholabhängige Eltern. Besonders verletzbar sind Kinder durch längere Trennungen von ihren vertrauten Bezugspersonen und von ihrer vertrauten Umgebung, je jünger sie sind, desto stärker, und schließlich durch medizinische Eingriffe. Nicht selten trifft bei medizinischen Maßnahmen beides zusammen. Das Kind wird von seinen Eltern getrennt und einer Maßnahme unterzogen, die es nicht versteht.

Etwa 50 Prozent der Kinderkliniken haben jedoch offene Besuchszeiten und sind räumlich darauf vorbereitet, die Eltern mit den Kindern zusammen über Nacht aufzunehmen. Dieses Angebot mindert die Anfälligkeit des Kindes für eine seelische Verletzung erheblich. Durch die Gegenwart der Eltern fühlt es sich in der fremden Umgebung beschützt und kann die medizinische Behandlung leichter ertragen. Auf eine medizinische Behandlung muss das Kind in geeigneter Weise vorbereitet werden, so zum Beispiel auf eine Operation.

Dies geschieht bei Kindern im Vorschulalter am besten so, dass die Behandlung dem Kind in seiner kindlichen Sprache verständlich gemacht und zudem noch mit Puppen durchgespielt wird. Oft übernehmen die Kinder dann eine aktive Rolle. Sie wollen selbst den Doktor spielen, der dem Kind die Spritze gibt. Sogar eine Operation wirkt weniger bedrohlich, wenn das Kind selbst den Arzt spielt, der sie durchführt. Die bedrohlichen Seiten sollten eher als Routinevorgang dargestellt werden. Der Bauch wird nicht

»aufgeschnitten«, sondern die Haut so weit geöffnet, dass das »Wehweh« entfernt oder der Knochen repariert werden kann, damit er nachher umso stärker ist. Die Wunde verheilt schnell wieder, so wie es das Kind bei leichteren Verletzungen schon öfter erlebt hat. Die Narkose macht einen angenehmen, »blauen Traum«. Die Eltern sind in der Nähe. Falls die Behandlung Ihres Kindes wesentlich anders verlaufen sollte als hier beschrieben, zögern Sie nicht, Ärzten und Pflegepersonal Ihre Informationen zur Verfügung zu stellen und Ihr Anliegen zu erläutern.

Haben Sie schon einmal beobachtet, woran ein junger Hund Gefahren erkennt? Wenn etwas Ungewöhnliches geschieht, schaut er zunächst verblüfft, »wufft« vielleicht und schaut seine Hundemutter oder seinen Hundevater an. Wenn diese nicht beunruhigt sind, ist alles in Ordnung. Das Spielen geht weiter. Ähnlich orientieren sich Kinder an der Reaktion ihrer Eltern. Es ist daher sehr wichtig, dass Sie sich selbst zuerst beruhigen, wenn Sie Ihr Kind beruhigen wollen. Das ist nicht leicht, wenn ein Unglück überraschend kam. Vielleicht hilft Ihnen eine der Beruhigungs- oder Distanzierungsübungen in diesem Buch. Andernfalls tun Sie das, was Sie auch sonst beruhigen kann.

> **Unser Tipp – mit Kindern sprechen:**
> Wenn Sie selbst ein erschütterndes Erlebnis hatten, prüfen Sie, ob Sie mit Ihrem Kind darüber sprechen wollen. Falls Sie sich dazu entschieden haben, wählen Sie möglichst einen Zeitpunkt, an dem es Ihnen gelungen ist, sich zu beruhigen und zu einer gewissen inneren Balance zurückzufinden. Am günstigsten ist es, wenn Sie auch Ihre Hoffnung auf ein neues Leben nach dem Trauma Ihrem Kind zumindest ansatzweise mitteilen können. Natürlich ist es nicht sinnvoll, Ihr Kind mit Angst machenden Einzelheiten zu belasten. Kinder haben ein sehr gutes Gespür für ihre Eltern und verstehen deren Gemütsverfassung und Erfahrungen auch ohne allzu viele Worte. Andererseits sind Kinder sehr beunruhigt, wenn sie die Erschütterung ihrer Eltern spüren, aber keinerlei Erklärung dafür bekommen. Diesen Gesichtspunkt sollten Sie in Ihre Überlegungen, ob Sie mit Ihrem Kind über Ihre Erfahrungen sprechen wollen, ebenfalls einbeziehen.

Auf Trennungen, die notwendig werden, können wir das Kind vorbereiten, ihm erklären, wo es sich befinden wird, wo die Mutter oder der Vater sind und wann sie zurückkommen. Dabei ist meist eine Art »Trennungstraining« erforderlich, beginnend mit nur kurzen Zeiträumen. Hat das Kind gelernt, die Zeit der Trennung zu überbrücken, und hat es die Sicherheit erworben, dass es auch von einer anderen Person gut betreut werden kann, dann können allmählich auch längere Zeiträume ertragen werden. Ein solches »Training« kann die Entwicklung des Kindes sogar fördern. Bei einer plötzlichen, abrupten Trennung ohne Zeitperspektive verfallen Kinder zunächst in starke Beunruhigung, ja in panische Angst. Darauf folgt oft teilnahmsloser Rückzug auf sich selbst. Erwachsene, die keine guten Kinderbeobachter sind, verwechseln die Teilnahmslosigkeit des Kindes und seine Hoffnungslosigkeit mit wirklicher Eingewöhnung und erfolgreicher Anpassung an die neue Situation.

Weshalb bereitet Kindern die Trennung von den vertrauten Bezugspersonen derartige Ängste? Das menschliche »Bindungssystem«, die Bindung, die sich seit Lebensbeginn zwischen Mutter und Kind aufbaut, funktioniert ganz ähnlich wie bei unseren nächsten Verwandten aus dem Tierreich, den so genannten Primaten. Stellen Sie sich ein kleines Äffchen vor, dessen Eltern sich außer Sichtweite befinden. Selbst wenn es schon gewandt klettern kann, wird es leicht zu einer attraktiven Beute für Raubtiere aller Art. Es stößt einen Angstschrei aus und ist sehr beunruhigt, wenn es nicht augenblicklich die Eltern erreichen kann. Das »Urhirn« unserer Kinder reagiert nun genau wie beim Äffchen in seiner natürlichen Umgebung, aufgrund einer Entwicklung von Jahrmillionen. Es registriert nicht, dass sich das Kind in einem geschlossenen Zimmer befindet, wo Raubtiere und andere natürliche Feinde des Menschen keinen Zutritt haben. In der »natürlichen Umgebung« des Menschen, im Wald, in der Savanne, besteht eine lebensbedrohliche Situation, wenn auf den Angstschrei des Kindes hin nicht alsbald Mutter oder Vater auftauchen. Panik und Schreien »aus Leibeskräften« sind die natürlichen, angemessenen Reaktionen. Aus dieser Hilflosigkeit des Kindes heraus kann das Trauma entstehen, kindliche Resignation und eine Haltung »gelernter Hilflosigkeit«: Das Kind hat »gelernt«, dass es in einer Situation panischer Angst und Bedrohung allein gelassen wird. Sein Vertrauen in die Eltern wurde schwer erschüttert. Diese Erfahrung kann sich später auf andere Bezugspersonen übertragen. In früheren Zeiten rieten die Kinderärzte den Müttern, ihr Kind nachts »durchschreien« zu lassen. Das sollte die »Lungen stärken« und einer verwöhnten Anspruchlichkeit des Kindes vorbeugen.

Befolgen Sie solche »Ratschläge« nicht, falls diese auch heute noch an Sie herangetragen werden sollten. Üben Sie mit Ihrem Kind ein »Trennungstraining« in kleinen Schritten. Für Erwachsene ist es nur schwer nachvollziehbar, welche Verwüstung »Durchschreien« und hilfloses, ermattetes Einschlafen in dem kleinen, verlassenen »Äffchen« anrichten kann.

Die Langzeitfolgen übermäßiger Trennungserfahrungen für das Kind und den späteren Erwachsenen sind erheblich. Wir sprechen hier in der Forschung von so genannten »Deprivationsschäden« (von lateinisch »deprivare«, was so viel bedeutet wie »von der notwendigen Unterstützung abgeschnitten sein«). Die häufigste Folge ist eine Neigung zu depressiven Reaktionen, die manchmal sogar lebenslang fortbestehen kann. Es gibt einige bewährte Regeln, nach denen Sie Deprivationsschäden bei Ihrem Kind vermeiden können.

Info:
Vermeidung kindlicher Trennungsschäden

- Es ist günstig, wenn sich mehrere vertraute Personen schon früh an der Pflege des Kindes beteiligen, zum Beispiel der Vater. Dann steht immer eine vertraute Ersatzperson zur Verfügung.
- Kinder unter einem Jahr sollten nicht zur Fremdbetreuung weggegeben werden, ab einem Jahr nur dann, wenn eine sehr individuelle Betreuung des Kindes durch eine vertraute Person, zum Beispiel eine Tagesmutter, möglich ist. Unter diesem Gesichtspunkt sollte auch eine Kinderkrippe ausgewählt bzw. gestaltet werden.

- Bei einem Krankenhausaufenthalt des Kindes sollten die Eltern das Kind täglich besuchen und sich bei medizinischen Maßnahmen an der Betreuung und Vorbereitung des Kindes beteiligen. Medizinische Maßnahmen sollten nur dann durchgeführt werden, wenn das Kind ruhig ist und sich in Sicherheit fühlt.
- Kinderheime und stationäre Einrichtungen sollten so organisiert sein, dass sie dem Bedürfnis des Kindes nach dauerhaften Bezugspersonen Rechnung tragen.
- Bei frühem Tod einer Bezugsperson muss das Kind einfühlsam auf die Todesnachricht vorbereitet werden.

Können kindliche Traumata wieder ausgeglichen werden?

Ja, dies ist die gute Nachricht – grundsätzlich in ähnlicher Weise, wie Sie es in dieser Aufklärungsschrift für Traumata bei Erwachsenen kennen gelernt haben. Unterstützen Sie alles, was das Gefühl von Sicherheit und Geborgenheit bei Ihrem Kind wiederherstellt. Wenn Sie sich selbst beruhigt haben, wird auch Ihr Kind sich beruhigen. Gehen Sie auf die Gefühle Ihres Kindes ein, ohne irgendeine seiner Reaktionen zu bewerten oder zu verbieten. Sagen Sie nicht zu ihm: »Du darfst nicht weinen«, wenn es traurig, wütend, ängstlich ist oder wenn es Schmerzen hat. Unterstützen Sie im Gegenteil, dass es seine Gefühle wahrnimmt und ausdrücken kann. Trauma ist die gefährliche »Schnittstelle«, an der eine Aufspaltung von Verstand und Gefühl, von Körper und Geist oder von Teilen unseres eigenen Selbst geschieht. Die »schlimmen Teile« des Körpers oder die »schlimmen Gefühle« gehören irgendwann einfach nicht mehr dazu, sie werden fremd. Diese »Aufspaltung« können Sie verhindern und ein einheitliches Selbsterleben Ihres Kindes unterstützen, wenn Sie auf seine Gefühle eingehen, auf sein körperliches Erleben, zum Beispiel fragen, wie sich das »Bäuchlein jetzt fühlt«, nach einer Bruchoperation. Alles, was Aufmerksamkeit durch die Erwachsenen erfährt, bleibt auch für das Kind lebendig und »zugehörig«. Und unternehmen Sie alles, was die Eigeninitiative Ihres Kindes und seinen aktiven Umgang mit Situationen stärkt, denen es vorher nur passiv ausgeliefert war.

In seinem »traumatischen Spiel« spielt ein Kind, das von einem

Auto angefahren wurde, mit seinen Puppen und Spielfiguren immer wieder die gleiche Szene. Darin überquert ein Kind die Straße, ein Auto kommt daher und überfährt das Kind. Das Kind kommt ins Krankenhaus und stirbt dort.

Stören Sie Ihr Kind nicht, wenn Sie solche Szenen beobachten, unterbrechen Sie es nicht. Wenn Sie gut für es sorgen, es unterstützen und es Ihre Nähe und Fürsorge spüren lassen, kommt bei häufigem Durchgang durch das »traumatische Spiel« vielleicht eine kleine Änderung vor. Das vom Auto überfahrene Puppenkind überlebt im Krankenhaus oder es kann sich retten, indem es im letzten Augenblick zur Seite springt. Trauma ist eine unterbrochene Handlung, eine Kampf- oder Fluchtreaktion. Jetzt nimmt das Kind diese unterbrochene Handlung wieder auf und führt sie zu einem glücklicheren Ausgang. Wie in dem vorbereitenden Puppenspiel, zum Beispiel auf eine Operation, übernimmt Ihr Kind jetzt eine aktive Rolle.

Anders, als wenn Sie Ihr Kind spielerisch auf eine Operation oder eine Trennung vorbereiten, ist es *nach* einem traumatischen Erlebnis nicht sinnvoll, dem Kind eine glücklichere Wendung der belastenden Szene vorzuspielen oder es dazu anzuregen. Sie würden dann lediglich »Symptome« verändern, nicht das Trauma selbst. Die Möglichkeit, seine traumatische Erfahrung auszudrücken, ginge dem Kind dann sogar verloren. Denn das Trauma ist ja nicht im Spiel entstanden, sondern im wirklichen Leben. Wenn Sie dazu beitragen, dass Ihr Kind im Leben zu seiner Aktivität, zu seinem eigenen Rhythmus zurückfinden kann, bekommt es Hoffnung, auch die traumatische Erfahrung irgendwann bewältigen zu können. In seinen Fantasien, in Träumen oder auch im Spiel probiert Ihr Kind dann vorsichtig »Lösungen« aus, die es irgendwann schließlich auch in seinem Leben verwirklichen wird.

Sexueller Kindesmissbrauch. Der folgende Text enthält Informationen für Erwachsene, denen Kinder anvertraut sind. Wenn Sie sich in der Auseinandersetzung mit einer eigenen traumatischen Erfahrung befinden und dies nicht auf Sie zutrifft, übergehen Sie den Abschnitt.

Gerade weil es sich um ein sehr spezielles Trauma handelt,

wollten wir Informationen dazu geben, denn es bringt viel »verborgenes Leid« mit sich, und die Anzeichen werden meist übersehen.

Gegenwärtig wird allerdings oft so reißerisch über sexuellen Missbrauch berichtet, dass es manchen schon wie ein »Modethema« vorkommt.

Das ist aber wohl immer noch besser, als wenn dieses Thema »kein Thema« wäre, wie das lange Zeit über der Fall war. Kinder, die von Erwachsenen zu sexuellen Handlungen veranlasst werden, werden in ihrer eigenen kindlichen Entwicklung gestört. Sie werden insofern »missbraucht«. Weil es sich gleichzeitig um ein schwerwiegendes Tabuthema handelt, stehen Kinder mit ihrem Schicksal oft allein da. Die Reaktion in der Öffentlichkeit schwankt zwischen Verschweigen/ Verleugnen und dem Ruf nach extremen Strafen für die Täter, wie Kastration, Folterung oder sogar Todesstrafe. Selten wird das Thema sachgerecht behandelt. In den USA wurde im Jahr 2001 ein Schweizer Junge ins Gefängnis gesperrt, weil er möglicherweise seiner jüngeren Schwester beim Spielen im Sandkasten das Höschen heruntergezogen hatte. Solche so genannten »Doktorspiele« zwischen annähernd gleichaltrigen Kindern fallen nicht unter das Thema »sexueller Kindesmissbrauch«, auch nicht die in einem bestimmten Alter, meist zwischen drei und sechs Jahren, zu beobachtende erotische Anziehung zwischen Vater und Tochter oder Mutter und Sohn. Viele Kinder in diesem Alter sind in ihre Eltern verliebt. Wenn sie jemand fragt, wen sie später heiraten wollen, nennen sie Vater oder Mutter. Dieses frühe erotische Liebesverhältnis zwischen Eltern und Kindern kann für eine gesunde Entwicklung des Kindes wichtig und förderlich sein. Es kommt auch vor, dass beispielsweise die kleine Tochter den Vater spielerisch »verführen« will. Auch solche Wünsche des Kindes sind in diesem Alter völlig normal. Es ist das Recht der Kinder, sie zu haben und zu äußern, und die Pflicht der Erwachsenen, nicht sexuell darauf zu antworten oder Kinder von sich aus sexuell zu reizen. Wenn Eltern ihre Kinder nicht erotisch an sich binden, verlieben sich der kleine Junge oder das kleine Mädchen bald außerhalb der Familie.

Die wichtigsten Folgen von sexuellem Missbrauch bei Kindern
sind:

- *Vorzeitige und übermäßige Sexualisierung.* Dies kann zu
  zwanghaftem sexuellen Verhalten führen, zu Promiskuität,
  Prostitution oder auch zur späteren Vermeidung von Sexualität
  und zu sexuellen Störungen. Erwachsene mit diesem Kind-
  heitsschicksal neigen später dazu, auch die Beziehung zu ihren
  eigenen Kindern erotisch »aufzuladen«.
- *Erniedrigung und Festlegen auf eine Außenseiterrolle.* Viele
  Täter beschimpfen und erniedrigen ihr Opfer. Auch Außenstehende reagieren oft mit Abscheu auf das Kind. Die häufigsten
  Folgen für das Opfer sind: selbstschädigendes Verhalten, Selbst-
  verletzungen bis hin zum Selbstmord sowie Drogen- und Alko-
  holkonsum, um die Erniedrigungen zu »vergessen«.
- *Verrat.* Vertrauen und Abhängigkeit des Kindes werden ausgenutzt, und das Kind fühlt sich betrogen. Typische Folgen sind:
  Trauer und Depression; Nicht-einschätzen-Können der Vertrauenswürdigkeit anderer; Misstrauen, vor allem gegenüber
  dem Geschlecht des Täters bzw. der Täterin; erhöhtes Risiko
  für weitere Missbrauchserfahrungen und für Ausbeutung in
  späteren intimen Beziehungen.
- *Ohnmacht.* Das Kind fühlt sich unfähig, sich selbst zu schützen
  und den Missbrauch zu stoppen; es werden Gewalt oder Mani-
  pulation eingesetzt, um das Kind zu verführen; das Kind kann
  sich nicht glaubwürdig mitteilen. Die Folgen: Angst, Verlust
  von Initiative und Selbstbestimmung; Albträume, Konzentrationsschwierigkeiten, Probleme in der Schule, Probleme mit
  dem Essen.
- *Erzwungenes Erwachsenwerden.* Das Kind wird in eine
  Erwachsenenrolle gedrängt, oft sogar in eine Elternrolle: »Ver-
  treibung aus der Kindheit«. Es verliert seine Kindlichkeit, wird
  andererseits aber oft in falscher Weise belohnt, verwöhnt und
  seinen Geschwistern vorgezogen. Daraus kann sich ein ansprüch-
  liches und dominierendes Verhalten entwickeln; Konflikte mit
  Gleichaltrigen; frühreifes, scheinbar erwachsenes Verhalten.

Die Folgen des Missbrauchs sind schwerwiegender, wenn er innerhalb der Familie geschieht, und selbstverständlich auch, wenn Drohung, Gewalt und Misshandlung im Spiel sind. Dann sind in der obigen Aufzählung die Folgeerscheinungen jeweils von »Erniedrigung« und »Ohnmacht« besonders ausgeprägt. Von Pädophilenvertretern wird angeführt, dass der Missbrauch ohne diese Faktoren, in einem freundlichen Klima, für das Kind unschädlich sei. Das trifft nicht zu. Auch die Folgen von vorzeitiger und übermäßiger Sexualisierung sind schwerwiegend. Auch in diesem Fall wird zu Recht von Missbrauch des Kindes gesprochen.

Aber Vorsicht, der Umkehrschluss gilt nicht! Wenn Sie einige der oben aufgeführten Auffälligkeiten bei einem Kind beobachten, können Sie daraus nicht schließen, dass es sexuell missbraucht wird oder wurde. Hierauf wurde manchmal nicht so deutlich hingewiesen, wie es erforderlich ist. Die Folge sind nicht selten dann unberechtigte Anschuldigungen vor allem gegen Väter, was für alle Beteiligten schwerwiegende Folgen haben kann. Ein sehr behutsames Vorgehen ist angezeigt. Die Zusammenarbeit mit Fachleuten sollte gesucht werden. Diese müssen über gründliche Kenntnisse der Psychotraumatologie verfügen. Sie müssen mit Wahrnehmungsveränderungen und Gedächtnisstörungen oder Veränderungen der Persönlichkeit vertraut sein, die sich als Folge von sexuellem Missbrauch ergeben[9].

Ein bewährtes Mittel gegen das Schweigen, von dem sexueller Missbrauch an Kindern meist umgeben ist, sind Offenheit und eine vertrauensvolle Atmosphäre in der Familie, einschließlich einer kindgerechten Sexualerziehung und Aufklärung der Kinder. Wenn sie gewohnt sind, über sexuelle Dinge offen zu reden, erzählen Kinder ihren Eltern auch, wenn sie sexuell belästigt wurden. Zudem fällt dem Kind die Verarbeitung leichter, als wenn alles, was mit »Unterleib« und sexueller Intimität zu tun hat, in der Familie einem Gesprächstabu unterliegt.

Den Missbrauch stoppen ist der erste Schritt, wenn sich der Verdacht erhärtet. Dies ist natürlich besonders schwierig bei innerfamiliärem Missbrauch. Viele Mütter fürchten um den Ruf der Familie und schrecken davor zurück, Anzeige zu erstatten, wenn sie entdecken, dass der Vater die Tochter missbraucht. Manche Jugendämter schicken das Kind in ein Heim. Dann kommt beim Kind zum Missbrauchstrauma noch ein Deprivations- oder Trennungstrauma hinzu. Es fühlt sich bestraft und abgeschoben, was seine Gefühle von Ohnmacht und Verrat noch verstärkt. Die Alternative ist, dass der missbrauchende Elternteil die Familie verlässt. Dringend benötigt das Kind einen Schutzraum, in dem es zur Ruhe kommen und sich innerlich allmählich von den Verwicklungen befreien kann, in die es der Täter gestürzt hat. Auch wenn es sich beispielsweise um den Vater handelt, darf dieser Schutzraum des Kindes keinesfalls durch erzwungene Besuche, durch ein Besuchsrecht des Vaters etwa, durchbrochen werden. Wie jedes andere Trauma benötigt auch diese seelische Verletzung einen Schonraum, um heilen zu können. Meist ist die Unterstützung durch einen traumatherapeutisch vorgebildeten Kindertherapeuten nötig, damit die seelische Wunde ausheilen kann. Erst jetzt kann möglicherweise eine Begegnung mit dem Täter stattfinden. Aber nur wenn das Kind dies von sich aus wünscht, ohne dass es jemand dazu drängt. Manche Juristen und leider auch manche psychosoziale Fachkräfte missverstehen den so genannten »Täter-Opfer-Ausgleich« als eine erzwungene Zusammenführung der Familie. Bisweilen wird sogar eine »Familientherapie« mit Vater und Tochter vorgeschlagen, manchmal sogar durchgeführt. Wie soll sich das Kind da schützen und sich den Freiraum verschaffen können, den es zu seiner Selbstheilung benötigt?

Das Kind muss seinen eigenen Rhythmus wiederfinden. Durch den übergriffigen Erwachsenen wurde seine eigenständige Entwicklung gestört. Dieser sollte zumindest jetzt die Verantwortung übernehmen und alles tun, um dem Kind den Raum für seine Erholung und Heilung zu verschaffen. Die günstigste Lösung ist hier eine Trennung, die nur auf den ausdrücklichen und selbständigen Wunsch des Kindes aufgehoben werden kann.

Sexueller Missbrauch führt zu Störungen, an denen viele Personen ihr Leben lang leiden. Etwa 40 Prozent der Betroffenen haben die Vorfälle ganz oder teilweise, entweder kontinuierlich oder vorübergehend vergessen. Solche Erinnerungslücken werden in der Fachsprache als Amnesie bezeichnet. Bei Frauen mit diesem Schicksal besteht die Gefahr, sich unbewusst einen missbrauchenden Partner auszusuchen. So kann es geschehen, dass auch die Tochter wieder missbraucht wird, ohne dass es die Mutter bewusst wahrnimmt. Ist das Trauma aber erkannt und aufgearbeitet, entfällt der Zwang, es an die nächste Generation weiterzugeben. Sogar in der Psychotherapie ist es nicht ausgeschlossen, dass kindliche Opfer von sexuellem Missbrauch an einen sexuell missbrauchenden Psychotherapeuten geraten können und somit auch dort erneut traumatisiert werden.[10]

Statistisch ist sexueller Missbrauch in Psychotherapie und Psychiatrie ein relativ seltenes Ereignis, das sich im Promillebereich bewegt. Ähnliche Verhältnisse sind in der Seelsorge anzutreffen.

Schuldgefühle der Opfer nach sexuellem Missbrauch. Opfer von sexuellem Missbrauch leiden oft an quälenden, dauerhaften Schuldgefühlen. Sie werfen sich vor, den Täter verführt zu haben oder sonst in irgendeiner Form für die Vorgänge verantwortlich zu sein. Hier sollten Sie dem Kind oder sich selbst, falls Sie Opfer wurden, den Unterschied zwischen den Einflusschancen eines Kindes und eines Erwachsenen vor Augen führen. Kinder sind gewohnt, den Erwachsenen Glauben zu schenken. Viele Täter sind sehr geschickt darin, das Kind zu gewinnen und den Vorfall entweder zu verheimlichen oder ihn als etwas völlig Normales hinzustellen. Andere Täter bezichtigen das Kind, den Erwachsenen verführt zu haben. Obwohl Kinder den Missbrauch in der Regel mit Gefühlen von Ekel und Abscheu erleben und sich zu wehren suchen, kommt es oft vor, dass sie dem Täter glauben und seine Begründung und Rechtfertigung übernehmen. Kinder und später die Erwachsenen halten sich dann vor: »Du hast es ja selbst gewollt.« Fast alle Täter drohen dem Kind, falls es über die Vorgänge sprechen sollte.

Die Argumente der Täter fallen beim Kind auch deshalb auf fruchtbaren Boden, weil Kinder eigene erotische Wünsche haben und sexuell sehr neugierig sind. Sie wünschen sich jedoch Erwachsene, vor allem aber einen Vater oder eine Mutter, die sie lieben und auch erotisch begehren können, ohne dass diese sich sexuell mit ihnen einlassen oder sie ihrerseits erotisch an sich binden. Argumentiert nun der Täter mit den Wünschen des Kindes, so trifft er damit einen verletzlichen Kern. Denn das Kind befindet sich oft in einer Verwirrung über die eigenen Gefühle und kann zwischen Liebe und Sexualität noch nicht so klar unterscheiden wie Erwachsene.

Wenn Kinder beim Missbrauch sexuelle Erregung verspüren, nehmen sie auch dies als Beleg für die Argumentation des Täters und verstärken ihre Schuldgefühle: »Es hat dich ja tatsächlich erregt, also stimmt es, dass du es gewollt hast.« In Wirklichkeit liegt dem eine rein körperliche Gesetzmäßigkeit zugrunde. Eine Stimulation der sexuellen Intimzone führt zwangsläufig zu sexueller Erregung. Diese wird dann fälschlicherweise als Beweis für eigene sexuelle Wünsche genommen und als Bestätigung für die Behauptung vieler Täter, mit dem Missbrauch lediglich den Wünschen und Bedürfnissen des Kindes entgegengekommen zu sein.

Grenzen setzen und wieder vertrauen können. Viele Frauen oder Männer, die in ihrer Kindheit sexuell missbraucht wurden, leiden später unter Störungen ihrer Sexualität. Wenn sie mit ihrem Partner oder ihrer Partnerin intim werden wollen, tauchen die beängstigenden und verwirrenden Erinnerungen aus der Kindheit auf, oft nicht einmal direkt als solche erkennbar, sondern als rätselhafte Bruchstücke einer bestimmten Vorstellung, als flüchtige Bilder, als Geräusche oder Körperempfindungen, von Angst oder Ekel begleitet. In einer erfolgreichen Traumatherapie kommt dann der Hintergrund zu Bewusstsein. Jetzt kann an Unterscheidungen gearbeitet werden. Der heutige Partner ist nicht der Täter von damals. Nicht alle Männer sind Täter. Sexualität bedeutet nicht zwangsläufig Missbrauch und Ausbeutung des Partners oder der Partnerin.

Die Heilung des Traumas ist daran zu erkennen, dass in der Kindheit missbrauchte Erwachsene anderen wieder vertrauen und zugleich Grenzen setzen können.

5 Wann wende ich mich an Fachleute und wo bekomme ich Unterstützung? – Die Grenzen der Selbsthilfe erkennen

Dieses Buch vermittelt Informationen und gibt Anregungen zur Selbsthilfe. Nur etwa ein Drittel der Betroffenen nach einer Katastrophe von mittlerem Schweregrad benötigt eine Psychotherapie, keineswegs die Gesamtheit aller Betroffenen. Für ein weiteres Drittel ist eine psychotraumatologische Fachberatung zu empfehlen. Noch ein Drittel überwindet den traumatischen Einfluss ohne fachliche Hilfe. Nicht immer und überall stehen kompetente Fachleute zur Verfügung. Und – das muss realistisch gesehen werden – nicht jeder Betroffene überwindet die Schwelle, die der Kontakt zum Therapeuten oder Traumahelfer für manchen noch immer bedeutet. Auch wenn sie nicht zu einer vollständigen Heilung verhilft, kann Selbsthilfe manches verbessern. Sie ist jedoch keine Alternative zu einer fachlich fundierten Traumatherapie oder psychotraumatologischen Fachberatung.

Beachten Sie bitte die Einschränkungen und möglichen Gefährdungen, auf die wir im Text aufmerksam gemacht haben. Psychologische Selbsthilfe hat, genau wie in der Medizin, ihre Grenzen. Dann sind wir auf andere angewiesen, die außen stehen und einen besseren Überblick haben als wir selbst. Wenn zu fundierten Fachkenntnissen in Psychotraumatologie noch das sichere Gefühl hinzukommt, sich auf diese Beraterin oder diesen Therapeuten verlassen zu können, dann haben Sie die richtige Frau oder den richtigen Mann gefunden, der Ihnen aus der »Traumafalle« weiter heraushelfen kann.

 Unser Tipp:
Woran erkennen Sie, dass fachliche Hilfe notwendig ist?

- **Die allgemeine Regel lautet:** Wenn in den ersten Tagen und Wochen nach dem Geschehen eine relative Beruhigung ausbleibt, der Zustand panischer Erregung also anhält; wenn körperliche oder seelische Beschwerden fortbestehen, die Sie vor den Ereignissen nicht kannten, oder solche, die sich seither verstärkt haben.

Prüfen Sie, wieweit die Beschwerden aus dem psychotraumatischen Belastungssyndrom auf Sie zutreffen (S. 20 f.). Wenn diese Beschwerden mehr als einen Monat nach dem Vorfall anhalten, ist auch dies ein Grund, sich nach fachlicher Hilfe umzusehen.

Einnahme von Medikamenten. In der ersten Zeit nach dem Trauma kann es notwendig und nützlich sein, sich Beruhigungsmittel oder Schlafmittel verschreiben zu lassen, um aus der Erregungsspirale herauszufinden. Zusammen mit den hier empfohlenen Übungen zur Beruhigung und Distanzierung oder mit Ihren eigenen, bewährten Mitteln kann sich die Wirkung der Medikamente noch verbessern. Sprechen Sie sich mit Ihrem behandelnden Arzt ab. Manchmal ist es angebracht, auch eine Psychotherapie durch Vergabe von Medikamenten zu begleiten. Eine ausschließliche Behandlung durch Psychopharmaka sollte hingegen eher skeptisch gesehen werden, weil eine Abhängigkeit von den Medikamenten entstehen kann. Treten die Beschwerden, wenn die Medikamente abgesetzt werden, wieder auf, dann sollten Sie sich unbedingt nach einer Fachkraft für psychotraumatologische Fachberatung oder Traumatherapie umsehen. Eine Ausnahme sind Personen, die bereits vor dem traumatischen Ereignis an einer psychischen oder psychosomatischen Störung litten, die mit Medikamenten behandelt wurde. Nehmen Sie in diesem Falle unbedingt Kontakt mit Ihrem behandelnden Arzt auf und besprechen Sie mit ihm, wie die Behandlung unter den neu hinzugekommenen Umständen fortzuführen ist. Das Gleiche gilt für Personen, die sich wegen einer körperlichen Erkrankung in ärztlicher Behandlung befinden.

Psychotraumatologische Fachberatung. Wie erwähnt, ist nach Katastrophen, Gewaltverbrechen oder Unfällen keineswegs immer eine psychotherapeutische Behandlung erforderlich. Viele Betroffene erholen sich ohne fachliche Hilfe, wobei die Informations- und Aufklärungsschrift, die Sie in Händen halten, Ihnen helfen und eine gewisse Sicherheit geben kann, um zu beurteilen, ob Sie tatsächlich über die belastende Erfahrung hinweg sind oder mit Folgen rechnen müssen. Hier stellt sich die Frage einer »Diagnose«. So wie in der Medizin Diagnoseverfahren seit langem zu einer Selbstverständlichkeit geworden sind, verfügen wir inzwischen auch in der Klinischen Psychologie, in Psychiatrie und Psychotherapie über diagnostische Verfahren, um psychische Gefährdungen oder bereits eingetretene Störungen abklären zu können. Bei psychischer Traumatisierung sind diagnostische Verfahren, die eine befriedigende Vorhersage erlauben, jedoch noch selten. In unserer Arbeit mit verschiedenen Gruppen von Betroffenen haben sich einige Verfahren bewährt, die von Fachkräften durchgeführt und ausgewertet werden können. Seit einigen Jahren bildet das *Deutsche Institut für Psychotraumatologie* Klinische Psychologen und Ärzte in Traumadiagnostik und psychotraumatologischer Fachberatung aus. Diese Fachkräfte können Ihnen weiterhelfen, wenn Sie im Zweifel sind, ob Sie das Trauma überwunden haben oder mit Folgen rechnen müssen. Die Fachberater/innen für Psychotraumatologie sind mit dem vorliegenden Buch *Neue Wege aus dem Trauma* vertraut. Sie können Ihre Fragen beantworten und Sie beraten, falls Ihre eigenen Bemühungen noch nicht zu dem gewünschten Ergebnis führen sollten.

Das *Deutsche Institut für Psychotraumatologie* (DIPT) richtet zur Zeit auch eine telefonische Beratungsmöglichkeit ein. Wir müssen jedoch um Verständnis bitten, dass dieser Beratungsdienst nicht kostenfrei in Anspruch genommen werden kann. Das DIPT hat über lange Zeit telefonische Beratungen und Vermittlungen im Rahmen seiner verschiedenen Projekte durchgeführt. Eine Fachkraft kümmert sich um die sachgerechte Beantwortung der Anfragen. Sie erfahren die Bedingungen für telefonische Beratung und Vermittlung von Fachkräften über die Internetadresse des DIPT: http://www.psychotraumatologie.de

Fachpsychotherapie für psychotraumatische Störungen. In den letzten Jahren hat das DIPT in Zusammenarbeit mit verschiedenen

Kolleginnen und Kollegen Psychotherapeuten in der Behandlung von Traumastörungen weitergebildet. Dieser Schritt hatte sich als notwendig erwiesen, weil sich dieses Wissensgebiet erst im Aufbau befindet und in der traditionellen psychotherapeutischen Ausbildung so nicht vertreten war und natürlich auch nicht vertreten sein konnte. Inzwischen haben mehrere hundert Fachkräfte das Weiterbildungsangebot des DIPT und der *Deutschen Akademie für Psychotraumatologie* wahrgenommen. Auch hier erfahren Sie über die Internetadresse des DIPT, wie Sie sich näher informieren können.

> Info:
> Für die Psychotherapie kann als »Faustregel« gelten: Je früher sie nach dem traumatischen Vorfall in Angriff genommen wird, desto kürzer dauert sie. Je länger der Vorfall zeitlich zurückliegt, desto größer ist die Wahrscheinlichkeit, dass sich das Trauma bereits verfestigt hat, und desto länger kann auch die Behandlung dauern.

In einer wissenschaftlichen Untersuchung hat sich gezeigt, dass mit einem Verfahren, der Mehrdimensionalen Psychodynamischen Traumatherapie[11] (MPTT), innerhalb von 10 Sitzungen die Risikogruppe unter den Opfern von krimineller Gewalt erfolgreich behandelt werden kann, ebenso bei Unfällen. Der Vorfall lag in der Untersuchung zwischen 14 Tagen bis zu maximal drei Monate zurück. Manchmal dauert die Trauma-Akuttherapie auch 20 bis 25 Sitzungen. Mit 20 bis hin zu 50 Sitzungen MPTT ist zu rechnen, wenn das traumatische Ereignis bereits über ein Jahr zurückliegt und im Erwachsenenalter eintrat. Bei Kindheitstraumen kann nach der MPTT eine Behandlungsdauer notwendig werden, die nach den Richtlinien für Psychotherapie in der Bundesrepublik der Zeitdauer für »Analytische Psychotherapie« entspricht: zwischen 80 und 240 Sitzungen. Manchmal kann ein noch höherer Zeitaufwand notwendig sein, wenn zum Beispiel in einer psychoanalytischen Behandlung schwere und wiederholte Traumatisierungen aufgearbeitet werden müssen. Selbst ein solcher Aufwand erscheint aber gering, gemessen an den verheerenden Folgen, die unbehandelte, langfristig bestehende Traumata in einem menschlichen Lebenslauf anrichten können.

Die therapeutischen Grundsätze der MPTT liegen auch dieser Informationsschrift zugrunde. Von daher sind Therapeutinnen oder Therapeuten, welche dieses Therapieverfahren beherrschen, in der Lage, Ihre bisherigen Bemühungen um Selbsthilfe durch die MPTT-Kurzform mit ungefähr 10 Sitzungen zu ergänzen (durch die MPTT-Variante Trauma-Akuttherapie).

Nach den in der Bundesrepublik Deutschland derzeit gültigen Richtlinien werden zwei Hauptformen der Psychotherapie angeboten: Tiefenpsychologie bzw. Psychoanalyse und Verhaltenstherapie. MPTT ist ein tiefenpsychologisches Verfahren, enthält aber auch Elemente aus der Verhaltenstherapie und der »imaginativen« Psychotherapie. Hier ist insbesondere die »Psychodynamisch-Imaginative Traumatherapie« (PITT)[12] zu nennen. Übungen wie die »Bildschirmtechnik« (S. 50 f.) entstammen dieser therapeutischen Tradition und wurden hier vielfältig weiterentwickelt.

Ein Beitrag der Verhaltenstherapie zur Traumatherapie ist das »Konfrontationsverfahren«. Die Patientinnen und Patienten werden hier schrittweise wieder an die traumatische Situation herangeführt, entweder auch räumlich dort, wo die Katastrophe stattfand, oder in ihrer Vorstellung. Dieses Verfahren wird so lange durchgeführt, bis die Angst abnimmt und der Betroffene sich an das Trauma »gewöhnt« hat.[13] Ein anderer Beitrag der Verhaltenstherapie ist das so genannte »Stress-Impfungs-Training«. Hier lernen Traumapatienten, sich auf Situationen, in denen die traumatischen Ängste wieder auftreten können, rechtzeitig einzustellen. Sie lernen Methoden der Stressbewältigung, die ebenfalls Ähnlichkeit mit einigen Übungen aus dieser Informationsschrift aufweisen, wie etwa der Übung zur Muskelentspannung.

Info:
Man unterscheidet in der Psychotherapie zwischen »Verfahren« und »Techniken«. Psychotherapeutische Verfahren sind die Verhaltenstherapie und die psychodynamischen (tiefenpsychologisch-psycho-

analytischen) Ansätze. Innerhalb eines Verfahrens können verschiedene Techniken eingesetzt werden, die ähnlich wirken wie die einzelnen Übungen in dieser Informationsschrift.

Eine Technik der Traumatherapie ist die so genannte »Augenbewegungstherapie« (EMDR)[14]. Ihre Wirkungsweise ist immer noch nicht ganz geklärt, beruht möglicherweise aber auf einer Zusammenführung der Hirnhemisphären, also auf ähnlichen Grundsätzen, wie sie auf S. 83 ff. beschrieben wurden. Die Technik ist scheinbar leicht zu erlernen und zu handhaben. Der Therapeut bewegt seinen Finger vor den Augen des Patienten rhythmisch hin und her und der Patient folgt ihm mit den Augen. Diese Technik ist aber nur vertretbar, wenn sie in ein traumatherapeutisches Verfahren einbezogen wird, zum Beispiel in das Stress-Impfungs-Training oder in einen tiefenpsychologischen Ansatz. Die MPTT hält genaue Anweisungen bereit, wie die »Augenbewegungstherapie« (EMDR) eingesetzt werden kann, auch Hinweise, wie sich eine Gefährdung der Patienten dabei vermeiden lässt.

Unser Tipp zur Wahl von Psychotherapeuten:
Vergewissern Sie sich, dass Ihre Psychotherapeutin oder Ihr Psychotherapeut ein traumatherapeutisches Verfahren beherrscht und nicht nur eine »Technik« anwendet. Vergewissern Sie sich andererseits, dass er oder sie mit den modernen Verfahren und Techniken der Traumatherapie vertraut ist und sich hierin möglichst auch weitergebildet hat.

Materielle Hilfe und Unterstützung. Für Opfer von Gewaltverbrechen gilt in Deutschland das Opfer-Entschädigungsgesetz (OEG), das vom örtlichen Versorgungsamt durchgeführt wird. Eine private Hilfsorganisation etwa ist der Weisse Ring, der ebenfalls in den meisten Regionen vertreten ist. Das Versorgungsamt kann dem Opfer keine finanzielle Entschädigung zukommen lassen. Es spricht jedoch die Anspruchsberechtigung des Opfers auf medizinische Versorgung oder auch auf Berentung aus. Von daher kann es sehr wichtig sein, beim Versorgungsamt einen Antrag auf Anerkennung als Gewaltopfer zu stellen. Die privaten Hilfsorganisationen gewähren manchmal materielle Unterstützung, um eine akute Notlage zu überbrücken. Informieren Sie sich bei Ihrem Versorgungsamt über die näheren Möglichkeiten vor Ort.

Bezüglich der Versorgungsämter sind lange Bearbeitungszeiten auf vielfältige Kritik gestoßen. Man hat von einer Retraumatisierung der Opfer gesprochen. Andererseits ist es verständlich, dass manche Fragen, wie zum Beispiel die Entscheidung über eine Rente, sorgfältig geprüft werden müssen. Das sollte aber nicht dazu führen, dass eine notwendige traumatherapeutische Behandlung erst begonnen werden kann, wenn die Anspruchsberechtigung des Opfers juristisch entschieden wurde. Im Rahmen des *Kölner Opferhilfe Modells* hat sich in Nordrhein-Westfalen inzwischen die Praxis durchgesetzt, eine Trauma-Akuttherapie auch schon vor Abschluss des Anerkennungsverfahrens zu unterstützen.

Für medizinische und psychologische Versorgungsleistungen bei beruflichen Unfällen sind in Deutschland die Berufsgenossenschaften zuständig. Sie sind darüber hinaus auch Träger von Rentenansprüchen. In Deutschland sind manche Berufsgenossenschaften aufgeschlossen für Fragen einer Trauma-Akuttherapie und Frühhilfe für Betroffene. So arbeitet das *Deutsche Institut für Psychotraumatologie* zum Beispiel mit der Berufsgenossenschaft Verwaltung bei der Direkthilfe für überfallene Bankmitarbeiter zusammen. Die vorbeugende Frühintervention selbst wird getragen von einer Versicherungsgesellschaft. Durch frühe und effektive Hilfe für Traumaopfer lassen sich langfristige Störungen vermeiden unter der Voraussetzung, dass fachlich kompetente, wissenschaftlich erprobte Hilfsmaßnahmen rechtzeitig verfügbar sind.

Als Beispiel für unbürokratische Maßnahmen nach einer Großkatastrophe kann die Deutsche Bahn AG nach den Unfällen von Eschede und Brühl genannt werden. Zum einen wurde ein Fonds eingerichtet, um finanzielle Notlagen der Opfer zu überbrücken. Zum andern wurde das *Deutsche Institut für Psychotraumatologie* beauftragt, psychologische Hilfe anzubieten. Etwa die Hälfte aller Betroffenen machte von dem Angebot Gebrauch. Zwei Mitarbeiter des DIPT suchten die Betroffenen an ihrem Wohnort auf, führten Traumadiagnostik durch und leiteten in Zusammenarbeit mit dem Psychologischen Dienst der Deutschen Bahn AG auf dieser Grundlage Maßnahmen ein, um negative Langzeitfolgen nach Möglichkeit zu verhindern. Mit alledem kann natürlich nicht das ungeheure Leid aus der Welt geschafft werden, welches die Zugunglücke verursacht haben. Es handelt sich jedoch um eine Geste der Anerkennung und Fürsorge, die als solche ganz allgemein für die Überwindung eines Traumas wichtig ist. Ein von Misstrauen getragener, bürokratisch-verschleppender Umgang mit den Opfern hat sich in unseren Untersuchungen als ein Faktor erwiesen, der nicht selten »das Fass zum Überlaufen bringt«. Gefühle von Missachtung und Nicht-Anerkennung können unsere Kraft zur Erholung vom Trauma und zur Selbstheilung nachhaltig lähmen. Betroffene, die von sich aus gute Chancen hätten, sich spontan vom Trauma zu erholen, können so zu Risikopatienten für Trauma-Langzeitfolgen werden.

Ein schwieriges Kapitel ist die Frage einer Entschädigung auch für psychische Traumatisierung durch die Unfall-Haftpflichtversicherung des Verursachers bei Verkehrsunfällen. In letzter Zeit sind hier einige positive Veränderungen zu bemerken, die zumindest teilweise auf die um sich greifende Aufklärung der Öffentlichkeit zurückzuführen sind. In der Vergangenheit waren manche vom Gericht bestellte Gutachter weder willens noch in der Lage, psychotraumatische Schäden fachlich angemessen zu berücksichtigen. Bei Fragen der Glaubhaftigkeit wurden die Opfer nach Kriterien beurteilt, die für normale Gedächtnisleistungen gelten, nicht aber für diese Gruppe von Zeugen, die nicht selten unter Erinnerungslücken leidet. Ein zentrales Glaubhaftigkeits-Kriterium wie »Kohärenz der Zeugenaussage« können viele Opfer gar nicht erfüllen. In Gutachten wird es jedoch nicht selten als Maßstab angelegt. Was eigentlich ein Beleg für Traumatisierung ist und damit für den Wahrheitsgehalt der Aussage, wird leicht auf das Konto »mangelnde Glaubhaftigkeit« gebucht. Erst in jüngster Zeit werden Anstrengungen unternommen, um der besonderen Lage traumatisierter Zeugen auch in gerichtlichen Verfahren gerecht zu werden.[15]

Selbsthilfegruppen. Bei vielen Problemen hat sich Selbsthilfe in Gruppen sehr bewährt, bei Trauma treten jedoch besondere Schwierigkeiten auf, die Sie unbedingt berücksichtigen sollten. Selbsthilfegruppen müssen sich auf *praktische* gegenseitige Hilfe von Betroffenen für Betroffene beschränken. Sie sollten jedoch nicht zu einer gegenseitigen Psychotherapie werden.

Wir hatten im ersten Kapitel empfohlen, dieses Buch zusammen mit einer Person Ihres Vertrauens durchzugehen und auftretende Fragen mit ihr zu besprechen. Diese Person sollte nach Möglichkeit nicht selbst von dem Unglück betroffen sein. Dann hat sie Reserven zur Verfügung, um Ihnen zuzuhören und Sie auch gefühlsmäßig zu unterstützen. Wenn sich Personen, die vom gleichen traumatischen Ereignis betroffen sind, zu einer Selbsthilfegruppe zusammenschließen, ist diese Voraussetzung nicht gegeben. Hier besteht die Gefahr, dass sich die Gruppenmitglieder reihum mit ihrem Traumabericht überfordern, dass überflutende Gefühle und überwältigende Erinnerungen auftreten und sich der Gesundheitszustand beim Einzelnen verschlechtert. Dadurch kommen starke Spannungen auch in der Gruppe auf.

Um der Gruppenspannung zu entgehen, wird manchmal ein äußeres Feindbild gesucht und heftiger bekämpft, als es von den wirklichen Verantwortlichkeiten her gerechtfertigt wäre. Produktive Lösungsansätze können dadurch bisweilen sogar vereitelt werden. Aus der entstandenen Notlage heraus sehen sich einzelne Gruppenmitglieder gezwungen, eine quasi therapeutische Aufgabe in der Trauma-Selbsthilfegruppe zu übernehmen. Kein Wunder, dass sie dann oft überfordert sind.

> **Unser Tipp:**
> Erwarten Sie von einer Selbsthilfegruppe keine Heilung Ihrer seelischen Verletzungen. Unterstützen Sie Ihren natürlichen Selbstheilungsprozess eher für sich allein und zusammen mit einem persönlichen Vertrauten oder mit wenigen vertrauten Personen, die nicht vom gleichen Ereignis betroffen sind. Diese verfügen verständlicherweise eher über die persönlichen Reserven, um Sie auch gefühlsmäßig unterstützen zu können. Wenn Sie in einer Selbst-

> hilfegruppe mitarbeiten, beschränken Sie sich auf sachlichen Infor-
> mationsaustausch und gegenseitige praktische Hilfe. Vermeiden Sie
> in der Selbsthilfegruppe gefühlsmäßig aufwühlende Mitteilungen
> von Ihrer traumatischen Erfahrung.

Wenn eine traumatherapeutisch erfahrene Gruppenleiterin oder
Gruppenleiter zur Verfügung steht, können in einem therapeutischen Gruppenrahmen auch stabilisierende Übungen durchgeführt
werden, wie sie in dieser Broschüre beschrieben sind. Der Gruppenrahmen muss jedoch durch Einzelsitzungen ergänzt werden,
wenn einzelne Gruppenmitglieder in das Stadium ihrer Traumabearbeitung eintreten.

Vorsicht! Gefährdungshinweis. Dieses Buch eignet sich nicht im
Ganzen als Arbeitsgrundlage für eine Trauma-Selbsthilfegruppe.
Verwenden Sie insbesondere die *Übungen* für sich selbst und
zusammen mit eng vertrauten Personen, die nicht vom gleichen
Ereignis betroffen sind. Wenn diese Übungen in einer Gruppe ausprobiert werden, sollte unbedingt ein fachlich gut ausgebildeter
Therapeut oder Berater die Gruppe leiten. Wenn Sie an so genannten *Debriefing*-Gruppen teilnehmen, sollten sich diese Gruppen
ebenfalls im Wesentlichen auf Informationsaustausch und gegenseitige praktische Hilfe beschränken.

Der Ausdruck »Debriefing« stammt ursprünglich aus der
Militärsprache und bedeutet dort »Einsatz-Nachbesprechung oder
Einsatz-Nachbereitung«. Bei Traumaerfahrungen ist jedoch ein
psychologisches »Debriefing« gemeint, das der Amerikaner Jeff
Mitchell entwickelt hat. Es besitzt interessante Aspekte und wird
von vielen Gruppenmitgliedern nach einer schwer belastenden
Erfahrung begrüßt. In seiner klassischen Form weist es jedoch eine
problematische empirische Ergebnislage gerade bei den so genannten Risikopersonen für negative Langzeitfolgen auf.[16] Es handelt
sich um Traumabearbeitung bzw. -vorbeugung in einer Gruppe,
die einen siebenstufigen Prozess durchläuft. Ab Stufe vier soll
dann auch gefühlsmäßig sehr direkt und offen über die belastenden Erfahrungen gesprochen werden. Hier besteht die Gefahr,
dass gerade die am schwersten belasteten Gruppenmitglieder

überfordert und erneut von ihrer eigenen Erinnerung überflutet werden. Möglicherweise erklärt sich so der bisherige Misserfolg dieses Verfahrens bei der Verhinderung negativer Langzeitfolgen. Die gefühlsmäßig intensive Beschäftigung mit dem Trauma, wie sie auf den fortgeschrittenen Stufen dieses Gruppenverfahrens vorgesehen ist, scheint gerade die am schwersten belasteten Gruppenmitglieder zu überfordern. Ihre gefühlsmäßige Belastung kann noch verstärkt und ihre vielleicht erst mühsam errungene Distanz zum Geschehen wieder durchbrochen werden. Das »Debriefing« in seiner ursprünglichen Form kann daher nicht uneingeschränkt empfohlen werden. Soweit sich die Debriefing-Gruppe auf sachliche Information und praktische Hilfen beschränkt, scheint sie weniger problematisch zu sein. Vergewissern Sie sich gegebenenfalls, dass Ihr »Debriefer« mit den neueren Forschungsergebnissen vertraut ist und dass er sich entsprechend weitergebildet hat.

Überregionale Kontaktadressen

Das *Deutsche Institut für Psychotraumatologie* hat in den letzten Jahren ein Netzwerk von kooperierenden Psychotherapeuten, Fachberatern, psychosozialen Beratern und klinischen Einrichtungen aufgebaut. Darüber hinaus gibt es weitere Gruppierungen und Verbände, die dabei sind, ein Netzwerk von Hilfsmöglichkeiten aufzubauen. Zur Zeit ist hier vieles im Fluss. Wenn Sie an einer Empfehlung durch das DIPT interessiert sind, schauen Sie auf unserer Website im Internet nach unter **http://www.psycho-traumatologie.de**. Wir bemühen uns, dort überregionale Kontaktadressen auf dem jeweils neuesten Stand mitzuteilen und über unsere aktuellen Möglichkeiten und die anderer Zentren zu informieren. Haben Sie bitte Verständnis dafür, dass wir diesen inzwischen üblichen Weg der Information wählen müssen, denn dieses Buch ist bei der Adressenvermittlung nicht auf dem neuesten Stand zu halten. Das Internet bietet hier ganz neue Chancen. Und die sollten wir nutzen.

Häufige Fragen

Wenn Sie in Ihrer Lektüre bis hierher neugierig geblieben sind, werden Sie jetzt vieles über den Umgang mit seelischen Verletzungen wissen. Wir hoffen vor allem, dass Sie sich selbst damit besser helfen können, auch anderen vielleicht, nach diesem »Erste-Hilfe-Kurs« für Verletzungen der Seele. Manche Fragen sind sicher offen geblieben. Einige lassen sich wohl nur in Einzelgesprächen klären. Viele Leserinnen und Leser profitieren aber erfahrungsgemäß davon, die folgenden Antworten auf häufig gestellte Fragen durchzusehen. Möglicherweise sind auch einige der Fragen darunter, die Ihnen bei der Lektüre gekommen sind.

- **Frage:** *Leiden viele Menschen mit einer schweren psychischen Erkrankung eigentlich an den Folgen eines Traumas? Können traumatische Erlebnisse einen Menschen »verrückt« machen?*
- **Antwort:** Ja. Eine seelische Erkrankung kann die Folge lang anhaltender und schwerer Traumatisierung sein. In der Lebensgeschichte von so genannten »Borderline-Patienten«, einer Grenzerkrankung zwischen Neurose und Psychose, finden sich bei durchschnittlich etwa 70 Prozent der Patienten schwere Misshandlung, sexueller Missbrauch und schwere Beziehungstraumata in Kindheit und Jugend. Etwa genauso hoch ist die Quote bei den so genannten »dissoziativ« gestörten Personen. Das sind Menschen, die eine zweite Teilpersönlichkeit ausgebildet haben. Meist ist dies schon in der Kindheit geschehen. Das Kind schützt sich vor den ständigen Misshandlungen, indem es sich in ein »gutes« und ein »böses« Kind aufspaltet. Das »böse Kind« wird durch die Misshandlung bestraft, das gute bleibt unversehrt und wird von den Eltern geliebt.
- **Frage:** *Sind vielleicht alle psychischen Erkrankungen Folge solch schwerwiegender Erlebnisse?*

- **Antwort:** Nein. Manchen psychischen Erkrankungen liegen ganz wesentlich angeborene, durch Gene übermittelte Wirkfaktoren zugrunde. Allerdings können biologische Wirkfaktoren auch durch Kindheitstraumata oder Traumatisierung im späteren Leben erworben werden. Bei schweren Depressionen ist ein körperlicher Faktor beteiligt, oft zum Beispiel ein Mangel an körpereigenen »Glücksbotenstoffen« wie Serotonin. Untersuchungen haben aber gezeigt, dass dieser Mangel häufig bei Personen auftritt, die seit ihrer frühen Kindheit unter starken Verlassenheitsängsten zu leiden hatten. In der Folge erschöpfen sich die Vorräte an Serotonin und anderen »Stimmungsaufhellern« sehr rasch. Die Neigung zu Depression ist jetzt körperlich verankert und begünstigt das Auftreten einer Erkrankung im gesamten späteren Leben. Bei einer körperlich begründeten Neigung zu seelischen Erkrankungen sollten neben Psychotherapie auch Psychopharmaka eingesetzt werden. Das sind Medikamente, welche die Stimmungslage oder das Denken und Empfinden beeinflussen können.

- **Frage:** *Können auch körperliche oder psychosomatische Erkrankungen durch Trauma entstehen?* (Psychosomatische Erkrankungen sind Erkrankungen, die eine seelische Ursache und körperliche Auswirkungen haben.)

- **Antwort:** Ja, wenn nicht früh genug gegen die Folgen des Traumas vorgegangen wird. Deshalb ist es wichtig, vorbeugende Maßnahmen zu treffen von der Art, wie sie in dieser Aufklärungsschrift beschrieben sind. Zu diesen Folgen gehören dauerhafte Verspannungen der tief liegenden Skelettmuskulatur. Diese können langfristig auch anatomische Strukturen verändern und zum Beispiel Bandscheibenschäden hervorrufen. Oft auch wechselnde, »fließende« Schmerzzustände in verschiedenen Muskelpartien. Wenn Traumabetroffene ständig weiter unter Druck stehen und in eine dauerhaft verzweifelte Stimmungslage geraten, können auch Erkrankungen aus der Inneren Medizin hinzukommen, wie Magen- und Darmerkrankungen, Herz- und Kreislaufstörungen sowie eine allgemeine Abwehrschwäche des Immunsystems, die sich in ganz unterschiedlichen Erkrankungen auswirken kann, von ständigen schweren Erkältungskrankheiten bis hin zu Krebs. Hierbei auch eine körperliche Veranlagung mit, aber auch Ernährungs- und Lebensgewohnheiten. Auch Suchterkrankungen haben oft einen Traumahintergrund. Die Suchtmittel dienen dazu, sich gegen die ständig wiederkehrenden Erinnerungen an das Trauma und die traumatischen Ängste zu schützen.

- **Frage:** *Ist Trauma nicht ein zu unscharfer »Allerweltsbegriff«? Hat nicht eigentlich jeder ein »Trauma«?*
- **Antwort:** Nein, nicht jeder ist traumatisiert. Richtig ist, dass dieser Begriff umgangssprachlich auch salopp verwendet wird, ähnlich wie »Stress«, worunter bekanntlich jeder leidet. Um aber wissenschaftlich begründet von einem Trauma zu reden, muss einmal ein außergewöhnliches Ereignis vorliegen, das für nahezu jeden Menschen eine schwere Belastung darstellt und mit dem Gefühl der Hilflosigkeit erlebt wird. Das zweite Kriterium ist der Nachweis, dass dieses Ereignis oder diese dauerhaften Lebensumstände tatsächlich eine seelische Verletzung hervorgerufen haben. Dieser Nachweis kann durch psychologische Testverfahren sowie durch Interview und systematische Befragung heute sehr zuverlässig erbracht werden.
- **Frage:** *Haben Betroffene mit einem psychischen Trauma den gleichen Anspruch auf Entschädigung wie körperlich verletzte Personen auch?*
- **Antwort:** Grundsätzlich ja. Hier herrschte früher eine Ungleichbehandlung vor. Gesetzgeber und ausführende Instanzen sind heutzutage jedoch zunehmend darum bemüht, diese Ungleichheit abzubauen.
- **Frage:** *Können Traumaerfahrungen später auch zu Gewalttaten und Verbrechen führen?*
- **Antwort:** Manche Kriminelle haben früher unter Verhältnissen gelitten, die sie später dann selbst in die Tat umsetzen. Sie versuchen sich von ihren Erfahrungen zu entlasten, indem sie andere darunter leiden lassen. Dann fühlen sie sich nicht mehr als schwaches Opfer, sondern stark und gefürchtet. Selten geschieht das aber mit klarem Vorsatz und überlegt. Vielmehr

stellt sich ein manchmal fast unwiderstehlicher Drang ein, sich die eigene Stärke durch das Leiden eines anderen Menschen bestätigen zu müssen.

- **Frage:** *Dürfen Täter, die aus einem eigenen traumatischen Erlebnis heraus kriminelle Taten begehen, dann überhaupt bestraft werden? Sind sie nicht krank und daher unschuldig?*

- **Antwort:** Die Frage einer »verminderten Schuldfähigkeit« wird von den Sachverständigen beim Gericht im Einzelfall sehr genau geprüft und vom Gericht dann entschieden. In einem moralischen Sinne aber kann sich kein Täter einfach auf sein Trauma herausreden. Jeder hat wohl irgendeine Chance im Leben, sich mit dem eigenen Trauma auseinander zu setzen. Dann muss er es auch nicht weitergeben.

- **Frage:** *Wie kann man vermeiden, traumatische Erlebnisse an die eigenen Kinder weiterzugeben?*

- **Antwort:** Das eigene Trauma sich bewusst machen, darüber sprechen und es durcharbeiten. In Untersuchungen unterscheiden sich »Nicht-Weitergeber« von »Weitergebern« darin, dass Erstere mit angemessenen Gefühlen über ihr Trauma reden und es nicht bagatellisieren. »Weitergeber«, die beispielsweise von ihren Eltern misshandelt wurden, sagen oft pauschal, dass sie eine schöne, harmonische Jugend hatten, und können sich an die negativen Erfahrungen kaum erinnern. Stattdessen wiederholen sie die negativen Erlebnisse mit ihren eigenen Kindern.

- **Frage:** *Was sind die häufigsten Folgen von traumatischen Erfahrungen?*

- **Antwort:** Einmal das (basale) psychotraumatische Belastungssyndrom mit sich aufdrängenden Nachhallerinnerungen vom Trauma, Vermeidungsverhalten und erhöhter Schreckhaftigkeit. Weiter Schlafstörungen, Konzentrationsstörungen, Reizbarkeit und aggressive Ausbrüche, Suchtneigung, Ängste, Depressionen, neuromuskuläre Verspannungs- und Schmerzzustände, Störungen im Magen- und Darmbereich. Langfristig kann es zu Persönlichkeitsveränderungen kommen, zum Beispiel zu einer überängstlichen Persönlichkeit, die unter einem Zwang steht, bestimmte Plätze oder Straßen zu meiden. Manche Personen bekommen panische Ängste, wenn sie nur die eigene Wohnung verlassen.

- **Frage:** *Werden manchmal auch medizinische Operationen durchgeführt, wenn es sich eigentlich um Folgen von Traumata handelt?*
- **Antwort:** Das kommt nicht selten vor, z. B. wegen anhaltender Schmerzzustände. Oft wird der Zusammenhang mit dem Trauma nicht erkannt und behandelt. Wenn dann Komplikationen nach der Operation hinzukommen, kann sich eine medizinische »Langzeitkarriere« anbahnen. Wird der Zusammenhang mit dem Trauma erkannt, können Behandlungsmethoden in Betracht gezogen werden, welche die Ursachenkette behandeln, nicht nur die Symptome. Wenn bereits schwere organische Schäden vorliegen, sind Operationen manchmal unvermeidlich.
- **Frage:** *Sind Traumahelfer nicht selbst nach einiger Zeit traumatisiert?*
- **Antwort:** Mitarbeiter von Rettungsdiensten, Polizei, Ärzte und Pflegepersonal, vor allem auf Intensivstationen, Notfallseelsorger und Traumatherapeuten haben ein erhöhtes Risiko, durch ihre Arbeit indirekt mit traumatisiert zu werden und eine Belastungsstörung zu entwickeln. Aus diesem Grund sind Gesprächsgruppen nützlich, in denen die Traumahelfer über schwierige und belastende Einsätze und Erlebnisse sprechen können. Außerdem hilft von Zeit zu Zeit eine eigene traumatherapeutische Selbsterfahrung.
- **Frage:** *Mein Trauma ist schon in meiner Kindheit vorgefallen. Kann ich trotzdem nach dieser Informationsbroschüre vorgehen, die sich ja vor allem an Personen richtet, bei denen das Trauma erst kürzlich eingetreten ist?*
- **Antwort:** Traumata können erfolgreich behandelt werden, auch wenn sie schon über lange Zeit bestehen. Die in dieser Informationsschrift angeführten Tipps und Regeln gelten grundsätzlich auch für Langzeittrauma. Sogar »Spontanheilungen« sind noch nach längerer Zeit zu beobachten. Viele Betroffene aber haben um das Trauma herum eine »Schonhaltung« ausgebildet, damit sie den seelischen Schmerz nicht mehr spüren müssen,

ganz ähnlich wie dies auch bei körperlichen Schmerzen geschieht. Unter diesem Schutzwall stauen sich die Gefühle auf. Viele fürchten dann, die Kontrolle zu verlieren und von allen Ängsten erneut überflutet zu werden, wenn sie den Schutzwall »ankratzen« und sich dem Trauma nähern. Diese Ängste können am besten in einer Psychotherapie überwunden werden. Die Tipps und Übungen dieser Informationsschrift helfen aber, sich zu stabilisieren und sich wieder mehr bei sich »zu Hause« zu fühlen.

- **Frage:** *Können unverarbeitete Traumen auch zu einem Krieg führen?*
- **Antwort:** Ja, ein Beispiel ist der erst kürzlich beendete Bürgerkrieg auf dem Balkan. Dort hatten in den dreißiger Jahren die Kroaten mit Hilfe der deutschen Nazis die Serben grausam verfolgt und unterdrückt. Die verbrecherische Aggression der Serben in letzter Zeit kann als die Explosion eines Langzeittraumas verstanden werden, als Versuch, durch nationalistische Größenideen die frühere Unterdrückung zu überwinden. Diese Argumentation kann jedoch nicht zur Rechtfertigung der schweren Verbrechen und zur Entlastung der Täter verwendet werden. Wie beim einzelnen Menschen besteht auch bei Völkern fast immer eine Chance, das Trauma anders zu verarbeiten als durch Weitergabe. Der Traumabearbeitung nach einem Krieg sollte jedoch größere Aufmerksamkeit gewidmet werden als bisher. Oft wird vom Opfer verlangt, dass es dem Täter verzeiht und sich mit ihm »aussöhnt«. Dieses Ansinnen verstärkt im Allgemeinen die Demütigung und »Viktimisierung« beim Opfer noch weiter. Günstiger ist es, wenn der Täter Einsicht zeigt, die Verantwortung für seine Taten übernimmt und Wiedergutmachung leistet.
- **Frage:** *Ist es nicht besser, Gewaltverbrechen zu vermeiden als hinterher den Opfern eine Therapie anzubieten?*
- **Antwort:** Ja, das ist sicher der beste Weg, und der Staat sollte alle Mittel ergreifen, um seine Bürger vor Verbrechen zu schützen. Das kann jedoch niemals vollständig gelingen, nicht einmal in einem totalen »Überwachungsstaat«. Außerdem bestün-

de dann die Gefahr, dass die Bürgerrechte eingeschränkt werden bis zu einem Verlust der Freiheit. Unter diesen Umständen besteht die zweitbeste Möglichkeit darin, betroffene Bürger so bei ihrer Verarbeitung des Traumas zu helfen, wie dies nach dem neuesten Stand der Forschung möglich ist. »Der Täter bekommt manchmal lebenslänglich, wenn er gefasst wird, das Opfer fast immer« – dieser Satz muss heute so nicht mehr gelten.

Anmerkungen

1 Vgl. Fischer, G., Mosetter, K., Mosetter, R. (2000): Traumabedingte neuro-muskuläre und neurovegetative Beschwerden – Fragestellungen der psychologischen Medizin. In: G. Fischer: Kölner Dokumentationssystem für Psychotherapie und Traumabehandlung KÖDOPS, S. 69–80. Verlag Deutsches Institut für Psychotraumatologie, Köln; Mosetter, K., Mosetter, R., Rachl, M. (2001): Myoreflextherapie. Gesundheitstraining und neuromuskuläre Selbstregulation Vesalius Verlag, Konstanz.

2 Modifiziert nach Jacobson (1990): Entspannung als Therapie. Pfeiffer, München.

3 Shapiro, F. (1995, 1998): EMDR – Basic Principles, Protocols and Procedures. New York: Guilford (deutsch: Junfermann, Paderborn).

4 Modifiziert nach M. Linehan (1996b): Trainingsmanual zur Dialektisch-Behavioralen Therapie der Borderline-Persönlichkeitsstörung. CIP-Medien, München.

5 Hegel, G.W.F. (1807): Phänomenologie des Geistes. Hg. von J. Hoffmeister, Meiner, Hamburg 1952, S. 29.

6 Schamanische Wege der Selbstheilung schildert Hartmut Kraft in: »Über innere Grenzen. Initiation in Schamanismus, Kunst, Religion und Psychoanalyse«. Diederichsverlag, München, 1995.

7 Im Lehrbuch der Psychotraumatologie von G. Fischer und P. Riedesser (1999) finden Sie eine ausführliche Darstellung (S. 232 ff.).

8 Mit dem Kölner Risikoindex wird eine genaue Abschätzung möglich, wer zur Risikogruppe für negative Langzeitfolgen nach psychischem Trauma gehört. Vgl. Fischer & Riedesser (1998): Lehrbuch der Psychotraumatologie.

9 Vgl. S. von Hinckeldey und G. Fischer (2001): Psychotraumatologie der Gedächtnisleistung. Zur Begutachtung der Aussagen von traumatisierten Zeugen. Ernst Reinhardt Verlag, München UTB.

10 Nähere Information zu diesem Thema in: Monika Becker-Fischer und Gottfried Fischer (1997a): Sexueller Missbrauch in der Psychotherapie – was tun? Verlag Roland Asanger, Heidelberg; Monika Becker-Fischer & Gottfried Fischer (1997b).

11 G. Fischer (2000): Mehrdimensionale Psychodynamische Traumatherapie, MPTT. Manual zur Behandlung psychotraumatischer Störungen. Asanger-Verlag, Heidelberg.

12 Reddemann, L., Sachsse, U. (1996): Imaginative Psychotherapieverfahren zur Behandlung in der Kindheit traumatisierter Patientinnen und Patienten. In: Der Psychotherapeut, 41, 169–174.

13 Nähere Informationen bei A. Maercker (1997): Therapie der posttraumatischen Belastungsstörungen. Springer-Verlag. Berlin.

14 Shapiro, F. (1998): EMDR: Grundlagen und Praxis. Handbuch zur Behandlung traumatisierter Menschen. Junfermann Verlag, Paderborn; Lamprecht, F. (2000): Praxis der Traumatherapie. Was kann EMDR leisten? Pfeiffer bei Klett-Cotta, Stuttgart; Hofmann, A. (1999): EMDR in der Therapie psychotraumatischer Belastungssyndrome, Thieme-Verlag, Stuttgart.

15 S. v. Hinckeldey, G. Fischer (2001): Psychotraumatologie der Gedächtnisleistung. Begutachtung traumatisierter Zeugen. Ernst Reinhardt-Verlag, München. Ferner: Richtlinien für die psychologische und medizinische Untersuchung von traumatisierten Flüchtlingen und Folteropfern (2000). Herausgegeben von der Bundesarbeitsgemeinschaft für Flüchtlinge und Folteropfer e.V., zu bestellen über Psychosoziales Zentrum für Flüchtlinge Düsseldorf, Benrather Straße 7.

16 Über solche wissenschaftlichen Fragen können Sie sich neuerdings auch im Internet informieren, und zwar in der Fachzeitschrift *Psychotraumatologie und psychologische Medizin* (ZPPM).

Ausgewählte Literatur

Butollo, W., Hagl, M., Krüsmann, M. (1999): Kreativität und Destruktion posttraumatischer Bewältigung. Forschungsergebnisse und Thesen zum Leben nach dem Trauma. Pfeiffer bei Klett-Cotta, Stuttgart.

Fischer, G., Riedesser, P. (1998, 2. Auflage 1999): Lehrbuch der Psychotraumatologie. Ernst Reinhardt-Verlag, UTB, München.

Fischer, M. (2000): Mehrdimensionale Psychodynamische Traumatherapie, MPTT. Asanger-Verlag, Heidelberg.

Fischer, G., Becker-Fischer, M., Düchting, C. (1998): Neue Wege der Opferhilfe. Ergebnisse und Verfahrensvorschläge aus dem Kölner Opferhilfe Modell, KOM. Institut für Psychotraumatologie. Herausgegeben vom Ministerium für Arbeit, Gesundheit und Soziales des Landes NRW.

Kaspar, H. (2000, 9. bearbeitete Auflage): Ernährungsmedizin und Diätetik. Urban & Schwarzenberg, München.

Maercker, A. (1997): Therapie der posttraumatischen Belastungsstörungen. Springer-Verlag, Berlin.

Mosetter, K., Mosetter, R. (2003): Kraft in der Dehnung. Ein Praxisbuch bei Stress, Dauerbelastung und Trauma. Walter Verlag, Düsseldorf/Zürich.

Mosetter, K., Mosetter, R. (2001): Myoreflextherapie. Muskelfunktion und Schmerzen. Vesalius-Verlag, Konstanz.

Reddemann, L. (2000): Stationäre Psychotherapie von real traumatisierten Patientinnen und Patienten – das Bielefelder Modell. In: Tress, W., Wöller, W., Hau, E. Psychotherapeutische Medizin im Krankenhaus – state of the art. VAS-Verlag, Frankfurt.

Reddemann, L. (2001): Imagination als heilsame Kraft. Zur Behandlung von Traumafolgen mit ressourcenorientierten Verfahren. Pfeiffer bei Klett-Cotta, Stuttgart.

Weiterführende kommentierte Bibliografie zu Arbeiten des Verfassers

- G. Fischer, P. Riedesser (1998): Lehrbuch der Psychotraumatologie. Ernst-Reinhardt-Verlag UTB, München/Basel (2. Aufl. 1999).
Diese Arbeit enthält die erste systematische Darstellung der Psychotraumatologie als wissenschaftlicher Lehre von den Folgen seelischer Verletzungen und den Möglichkeiten ihrer Behandlung.

- G. Fischer (2000): *MPTT, Mehrdimensionale Psychodynamische Traumatherapie.* Manual zur Behandlung psychotraumatischer Störungen. Asanger-Verlag, Heidelberg.
Auf der Grundlage von Forschungsergebnissen und umfangreicher klinischer Erfahrung führt der Autor ein systematisches Behandlungskonzept für verschiedene Anforderungsprofile der Traumatherapie aus: Krisenintervention, Akuttherapie und Therapie komplexer und chronifizierter psychischer Traumatisierung. Durch Integration behavioraler Trainingselemente in ein psychodynamisches Konzept liegt ein therapeutischer Ansatz vor, der die Möglichkeiten von psychodynamischer Therapie wie auch von traditioneller Verhaltenstherapie bei traumatisierten Menschen entscheidend erweitert.

- G. Fischer (2000): *KÖDOPS, Kölner Dokumentationssystem für Psychotherapie und Traumabehandlung.* Verlag Deutsches Institut für Psychotraumatologie. 422 Seiten.
Der Band enthält Messverfahren zur Eingangserfassung von Beschwerden und Traumata sowie zur psychotherapeutischen Veränderungsmessung. Weitere Messinstrumente werden diskutiert und Bestellorte genannt. Das Dokumentationssystem ermöglicht Planung, Eigensupervision und Ergebnisdarstellung von Psychotherapien, mit besonderem Schwerpunkt in der Traumadiagnostik und Traumatherapie. Bei einem zeitlichen Aufwand, der die traditionellen Therpienotizen nicht übersteigt, können klinische Praktiker und Einrichtungen ihre Arbeit dokumentieren, kritisch sichten und den Qualitätsnachweis erbringen. Darüber hinaus liegt ein Manual für systematische Forschung vor, das qualitative und quantitative Methodik verbindet. Neben der Psychotherapieforschung eignet es sich auch für die Dokumentation und vergleichende Auswertung von Pharmakavergabe und anderen

medizinischen Interventionen. Ein weiteres Anwendungsgebiet sind Anträge und Berichte für Kostenträger sowie Fachgutachten, in denen unter anderem auch die Frage einer psychischen Traumatisierung und möglicher Folgen zu klären ist. Eine Software-Version von KÖDOPS ist in Vorbereitung, die sich neben Planung, Dokumentation und Evaluation auch für die elektronische Verwaltung von Patientendaten eignet.

- S. v. Hinckeldey & G. Fischer (2001): *Psychotraumatologie der Gedächtnisleistung*. Diagnostik, Begutachtung und Therapie traumatischer Erinnerungen. Ernst Reinhardt-Verlag UTB, München.
Es wird aufgezeigt, wie sich Gedächtnisstörungen bei traumatisierten Zeugen psychodiagnostisch erfassen lassen. Die traditionellen Kriterien für die Glaubhaftigkeit von Zeugenaussagen werden systematisch modifiziert und weiterentwickelt für Zeugen, die nachgewiesenermaßen unter einer psychotraumatisch bedingten Veränderung ihrer Gedächtnisleistung leiden.

G. Fischer (1989): *Dialektik der Veränderung in Psychoanalyse und Psychotherapie*. Modell, Theorie und systematische Fallstudie. Asanger, Heidelberg (2. Aufl. 1996).

M. Becker-Fischer, G. Fischer (1996): *Sexueller Missbrauch in der Psychotherapie – was tun?* Orientierungshilfen für Therapeuten und interessierte Patienten. Asanger, Heidelberg.

M. Becker-Fischer, G. Fischer (1997): *Sexuelle Übergriffe in Psychotherapie und Psychiatrie*. Schriftenreihe des Bundesministeriums für Familie, Senioren, Frauen und Jugend, Band 107.

M. Fäh, G. Fischer (Hg., 1998): *Sinn und Unsinn in der Psychotherapieforschung*. Eine kritische Auseinandersetzung mit Aussagen und Forschungsmethoden. Psychosozial-Verlag, Gießen.

G. Fischer (1998): *Konflikt, Paradox und Widerspruch*. Für eine dialektische Psychoanalyse. Fischer Taschenbuch Verlag, Frankfurt am Main.

G. Fischer, M. Becker-Fischer, C. Düchting (1998): *Neue Wege in der Hilfe für Gewaltopfer*. Ergebnisse und Verfahrensvorschläge aus dem Kölner Opferhilfe Modell. Herausgegeben vom Ministerium für Arbeit, Gesundheit und Soziales des Landes Nordrhein-Westfalen.

- Fachzeitschrift *Psychotraumatologie und psychologische Medizin* (ZPPM). Asanger-Verlag, Heidelberg (erscheint vierteljährlich).

Verzeichnis der Übungen

Register

Hinweis

Zu diesem Buch ist eine ergänzende Videoversion oder wahlweise eine DVD erhältlich über www.psychotraumatologie.de

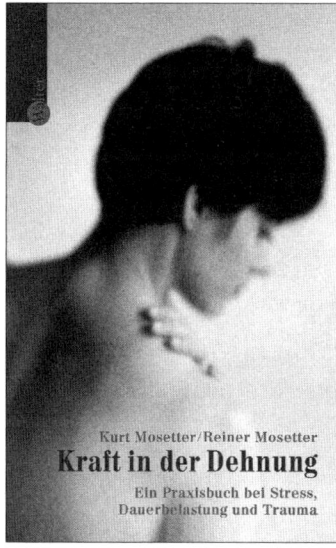

Kurt Mosetter /
Reiner Mosetter
**Kraft in der
Dehnung**
Ein Praxisbuch bei
Stress, Dauerbelastung
und Trauma
Ca. 160 Seiten mit
über 50 Abbildungen
Englische Broschur
ISBN 3-530-40146-3

Dieses Praxisbuch zeigt in einfachen und sanften
Übungen für zu Hause, wie die Langzeitfolgen von
traumatischen Erfahrungen, von chronischer Dauerbelastung und Stress behoben werden können.
Durch die erstmals für dieses Buch entwickelten und
auch in Abbildungen anschaulich dargestellten Übungen und die gezielte Behandlung von Muskelansätzen
durch Druckpunktstimulation gelingt es, erhöhte
Daueranspannungen zu beheben, Schmerzentlastung
herbeizuführen und das körperliche und seelische
Befinden auch langfristig entscheidend zu verbessern.

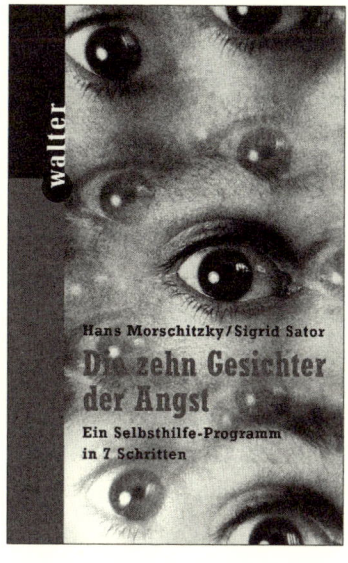

Hans Morschitzky /
Sigrid Sator
**Die zehn Gesichter
der Angst**
Ein Selbsthilfe-
Programm in
7 Schritten
248 Seiten
Englische Broschur
ISBN 3-530-40137-4

Angst vor Spinnen, vor Krankheit, vor anderen Men-
schen, Angst vor der Angst – vielfältig sind die Formen
und Spielarten der menschlichen Ängste. Dieser prak-
tische Ratgeber stellt die zehn wichtigsten Angststö-
rungen im Überblick vor und vermittelt in Fallbei-
spielen und Fragebögen ein anschauliches Bild zur
Selbstdiagnose.
In einem neuen, aufgrund von jahrelanger klinischer
Erfahrung für dieses Buch entwickelten Therapie-
Programm für Zuhause erhalten Betroffene wie auch
Angehörige in sieben aufeinander abgestimmten
Schritten Anleitungen, Tipps und Übungen zur
Selbsthilfe.